ÉLECTIONS DU 13 MAI 1849

GUIDE IMPARTIAL

DES

ÉLECTEURS

CONTENANT

1° Loi organique électorale ;
2° Circulaire aux Préfets sur la pratique des Élections ;
3° Biographie des 900 Représentants sortants ;
4° Leurs votes dans les quest'ons principales décidées
   par l'Assemblée nationale au scrutin de division,
   collationnés sur le *Moniteur officiel.*

Prix : 50 centimes.

PARIS

A LA LIBRAIRIE

22, BOULEVARD MONTMARTRE, 22

Avril 1849

ÉLECTIONS DU 13 MAI 1849

GUIDE IMPARTIAL

DES

ÉLECTEURS

CONTENANT

1º Loi organique électorale;
2º Circulaire aux Préfets sur la pratique des Élections;
3º Biographie des 900 Représentants sortants;
4º Leurs votes dans les questions principales décidées
   par l'Assemblée nationale au scrutin de division,
   collationnés sur le *Moniteur officiel*.

-◦◉◦-

Prix : 50 centimes.

-◦◉◦-

PARIS

A LA LIBRAIRIE

22, BOULEVARD MONTMARTRE, 22

—

Avril 1849

EXPLICATIONS INDISPENSABLES.

En donnant au travail que nous publions aujourd'hui, le titre de *Guide impartial des électeurs*, nous n'avons point la prétention d'apporter à la France électorale une opinion toute faite et surtout *impartiale* sur chacun des neuf cents représentants qui constituent en ce moment le premier noyau, en quelque sorte le noyau naturel des candidats qui aspirent à faire partie de l'Assemblée législative.

Loin de là, le seul mérite de cet ouvrage, s'il en a un, la meilleure garantie qu'il puisse offrir de son impartialité, c'est qu'il ne contient que des énonciations très-laconiques de faits et des relevés de votes, c'est-à-dire d'actes constants et publics dont le pays tout entier est intéressé à avoir connaissance Quel que soit en effet le point de vue auquel il est placé, chaque électeur pourra juger si le représentant qui sollicite de nouveaux ses suffrages a, par ses votes passés, donné des garanties suffisantes à l'opinion qu'il dit représenter.

. Nous avons pensé que ces relevés des douze principaux votes qui ont eu lieu au scrutin de division, depuis le 4 mai 1848 jusqu'à la fin de mars 1849, auraient un attrait de curiosité, d'intérêt, en même temps qu'ils pourraient être d'une très-réelle utilité pour faciliter aux électeurs les moyens d'asseoir leur opinion sur leurs représentants. Ces votes et les résolutions qui en ont été le résultat appartiennent à l'histoire. En les groupant, nous mettons le public à même de connaître au juste la part qui revient à chacun dans cette page des annales contemporaines.

Cela posé, qu'il nous soit permis d'expliquer en quelques mots le plan de notre travail.

A la suite de la loi électorale et de la circulaire ministérielle qui lui sert en quelque sorte de commentaire, documents toujours très-utiles aux électeurs qui peuvent ainsi s'assurer si la loi est de point en point exécutée dans la pratique des élections de leurs circonscriptions, nous avons placé de petits aperçus biographiques sur tous les représentants actuellement en exercice. Ces aperçus excessivement abrégés ne contiennent que des faits; l'âge, la profession du représentant, les divers emplois ou fonctions qu'il a pu occuper, le nombre des voix qu'il a obtenues aux dernières élections; une note succincte, s'il y a lieu, sur ses travaux les plus saillants pendant la session; le nom du comité auquel il appartient.

Çà et là on trouvera, tant sur les âges que sur les nombres des voix obtenues, quelques lacunes que nous avons été obligés de laisser faute de renseignements positifs.

Il pourra manquer aussi quelques noms sur notre liste; cela tient à ce que certains représentants nouvellement élus ne sont pas encore portés sur la liste officielle publiée par la questure, liste que nous avons fidèlement reproduite.

Quant aux comités, nous pensons qu'il est utile de rappeler aux lecteurs que l'Assemblée, en exécution de l'art. 10 de son règlement, s'est divisée en quinze comités chargés de préparer et de traiter chacun les questions de sa compétence, ce sont les comités du travail; — de la justice; — de législation civile et criminelle; — des cultes; — des affaires étrangères; — de l'instruction publique; — de l'intérieur; — de l'administration départementale et communale; — du commerce et de l'industrie; — de l'agriculture et du crédit foncier; — de la marine; — de la guerre; — de l'Algérie et des colonies; — des finances; — des travaux publics.

Cette énumération facilitera l'intelligence des abréviations que les nécessités typographiques nous ont souvent forcés d'employer.

— 4 —

Il nous reste maintenant, pour achever de rendre notre travail clair, pour que nos tableaux de votes ne puissent prêter à aucune interprétation équivoque, à entrer dans quelques développements, tant sur le mode de votation dit *scrutin de division* que sur la manière dont ont été posées les douze questions que nous avons choisies.

Le scrutin de division se pratique au moyen de petits cartons blancs et bleus, sur chacun desquels est imprimé un nom de représentant. Chaque membre de l'Assemblée a devant lui, sur sa tablette, une provision de ces cartons tant blancs que bleus, tous revêtus de son nom. Une question étant posée, les huissiers vont présenter des urnes à tous les assistants ; chacun d'eux dépose un bulletin à son nom ; ceux qui veulent voter pour l'adoption de la proposition faite, mettent un bulletin blanc ; ceux qui veulent voter contre, mettent un bulletin bleu.

On comprend d'après cela combien il est nécessaire d'expliquer comment chacune de nos douze questions a été posée.

1re QUESTION. — *Concordats amiables*. MM. Jules Favre et Dupont (de Bussac) firent à l'Assemblée une proposition qui avait pour but de faciliter les concordats aux commerçants en état de suspension de paiements depuis le 24 février 1848. Les trois premiers articles de cette proposition furent adoptés ; l'art. 4, le plus important et le plus décisif, donna lieu, dans la séance du 22 août 1848, à une longue discussion suivie d'un scrutin de division ; il y eut :

338 bulletins blancs pour,
et 428 bulletins bleus contre.

L'article fut rejeté, la proposition retirée et remplacée par un projet présenté par le comité de législation.

2e QUESTION — *Droit au travail*. Un premier amendement sur le droit au travail, présenté par M. Mathieu (de la Drôme), ayant été retiré, M. Glais Bizoin proposa un amendement conçu en ces termes :

« La République doit protéger le citoyen dans sa personne, sa famille, sa religion, sa propriété, son travail.

« Elle reconnaît le droit de tous les citoyens à l'instruction, le droit à l'existence par le travail et à l'assistance dans les formes et aux conditions réglées par les lois. »

Dans la séance du 14 septembre 1848, les votes se sont ainsi répartis :

187 pour,
596 contre.

L'Assemblée a donc rejeté l'amendement et elle l'a remplacé par l'art. 8 actuel du préambule de la Constitution.

3e QUESTION. — *Amendement contre l'impôt progressif.* — L'art. 15 du projet de Constitution s'exprimait ainsi :

« Tout impôt est établi pour l'utilité publique.

« Chaque citoyen y contribue *en raison* de ses facultés et de sa fortune. »

M. Goudchaux proposa de remplacer cette dernière phrase par celle-ci :

« Chaque citoyen y contribue *en proportion* de ses facultés et de sa fortune. »

Cette rédaction a été adoptée dans la séance du 25 septembre 1848 ;

644 membres ont voté pour,
96 membres ont voté contre.

4e QUESTION. — *Deux chambres.* — M. Duvergier de Hauranne proposait de commencer ainsi l'art. 20 de la Constitution :

« Le peuple français délègue le pouvoir législatif à deux assemblées. »

Dans la séance du 27 septembre 1848, l'Assemblée fut appelée à voter sur cet amendement.

Il se trouva **289** bulletins blancs pour,
et **530** bulletins bleus contre

En conséquence, l'amendement fut rejeté.

5e QUESTION. *Vote à la commune.* On sait que l'art. 28 de la Constitution commence par cette phrase :

« L'élection des représentants se fait par département au scrutin de liste. »

MM. Bérard et Bourbousson proposèrent d'y ajouter les mots suivants :

« Et au chef-lieu de la commune. »

Dans la séance du 29 septembre, l'Assemblée rejeta cet amendement.

Il y eut **271** bulletins blancs pour,
et **528** bulletins bleus contre.

6e QUESTION. *Amendement Grévy sur la présidence.* Cette question est une des plus importantes qui aient été soumises à la décision de l'Assemblée. M. Grévy proposait de rédiger ainsi les art. 41, 43 et 45 de la Constitution.

« Art. 41. L'Assemblée nationale délègue le pouvoir exécutif à un citoyen qui reçoit le titre de *président du conseil des ministres.* »

« Art. 43. Le président du conseil des ministres est nommé par l'Assemblée nationale au scrutin secret et à la majorité absolue des suffrages.

« Art. 45. Le président du conseil est élu pour un temps illimité. Il est toujours révocable.

Dans la séance du 7 octobre 1848, l'Assemblée a rejeté cet amendement. Il y a eu au scrutin

158 billets blancs pour l'adoption,
613 billets contre.

7e QUESTION. *Crédit foncier.* Plusieurs propositions ayant été faites par divers représentants et un grand nombre de pétitions ayant été adressées à l'Assemblée nationale pour l'organisation d'un système de crédit foncier, régi par l'État, tous ces documents furent renvoyés au comité de l'agriculture et du crédit foncier, lequel chargea une sous-commission d'élaborer un projet.

Ce projet fut présenté par M. Flandin, rapporteur de cette sous-commission ; après une discussion générale de deux jours, l'Assemblée, dans la séance du 11 octobre 1848, fut consultée sur la question de savoir si elle passerait à la discussion des articles du projet ; le scrutin donna

210 billets blancs pour la discussion,
578 billets bleus contre.

En conséquence le projet ne fut pas discuté.

8e QUESTION. *Suppression du remplacement militaire.* M. Deville avait proposé d'introduire dans l'art. 107 de la Constitution une disposition portant que chaque citoyen français devait le service militaire *en personne,* et que *le remplacement était interdit.*

L'Assemblée, dans la séance du 21 octobre, vota sur cet amendement au scrutin de division ; il y eut

140 billets blancs pour,
et **663** billets bleus contre.

L'amendement fut donc rejeté.

9e QUESTION. *Décret qui fixe à dix les lois organiques.* Après une série de votes relatifs à l'énumération des lois dites organiques, l'Assemblée, dans sa séance du 11 décembre, vota au scrutin de division sur l'ensemble du décret qui contenait la nomenclature des dix lois organiques, le scrutin de division donna

403 billets blancs pour l'adoption du décret,
178 billets bleus contre.

10e QUESTION. — *Proposition Rateau-Lanjuinais sur la dissolution.* — M. Rateau avait présenté une proposition qui avait pour but de fixer l'époque de la dissolution de l'Assemblée. Cette proposition ayant été écartée, M. Lanjuinais en fit une autre à peu près dans le même sens pour fixer l'époque de la convocation de l'Assemblée législative.

C'est sur l'ensemble de l'art. 2 de cette proposition, article décisif, que, dans la séance du 7 février 1849, s'engagea le scrutin ; il donna

470 billets blancs pour l'adoption,
337 billets bleus contre.

(C'est avec intention que nous avons interverti l'ordre chronologique des questions, afin de rapprocher le décret sur les dix lois organiques de la proposition Lanjuinais. On comprend le rapport qui existe entre ces deux résolutions, puisque la seconde décide le contraire de ce qu'avait décidé la première.)

11e QUESTION. — *Diminution de l'impôt du sel.* — C'est dans la séance du 28 décembre que l'Assemblée a adopté un amendement de M. Anglade contenant la disposition suivante :

« A dater du 1er janvier 1849, l'impôt du sel est réduit à 10 francs pa 100 kilogrammes. »

Le scrutin de division a donné

403 billets blancs pour,
360 billets bleus contre.

12e QUESTION. — *Loi sur les clubs.* — Dans la séance du 21 mars 1849, l'Assemblée a voté au scrutin de division sur l'ensemble de l'art. 1er d'une loi commençant par ces mots : « Les clubs sont interdits. »

Le scrutin a donné

404 billets blancs pour l'adoption,
303 billets bleus contre.

L'article a été adopté. Cette loi n'est pas encore devenue définitive ; car elle n'a pas subi l'épreuve de la troisième délibération.

Tous les votes que nous avons énoncés ont été relevés sur le *Moniteur universel* avec le soin le plus scrupuleux ; nous avons poussé le désir d'être exacts jusqu'à rechercher dans les numéros qui suivent ceux où sont enregistrés les scrutins de division, les réclamations adressées par des représentants pour cause d'erreur, et nous avons tenu compte de ces rectifications.

Si l'on trouve çà et là quelques cases en blanc, c'est que, soit par erreur, soit pour tout autre motif, le vote en question ne se trouvait pas inscrit au *Moniteur*.

Nous n'avons rien négligé du reste pour obtenir la plus complète exactitude.

NOTA. — *Abréviation :* ab.p.c. signifie *absent par congé.*

LOI ÉLECTORALE.

RÉPUBLIQUE ERANÇAISE.

Liberté, Égalité, Fraternité.

AU NOM DU PEUPLE FRANÇAIS.

LOI ÉLECTORALE.

L'Assemblée nationale a adopté,
Et le président de l'Assemblée promulgue la loi dont la teneur suit :

TITRE PREMIER.

Formation des listes électorales.

Art. 1er. Dans les douze jours qui suivront la promulgation de la présente loi, la liste électorale sera dressée pour chaque commune par le maire.

Art. 2. Elle comprendra par ordre alphabétique :

1º Tous les Français, âgés de vingt et un ans accomplis, jouissant de leurs droits civils et politiques, et habitant dans la commune depuis six mois au moins ;

2º Ceux qui, n'ayant pas atteint, lors de la formation de la liste, les conditions d'âge et d'habitation, les acquerront avant sa clôture définitive.

Les militaires en activité de service et les hommes retenus pour le service des ports ou de la flotte en vertu de leur immatriculation sur les rôles de l'inscription maritime seront portés sur les listes des communes où ils étaient domiciliés avant leur départ.

Les conditions d'habitation depuis six mois au moins dans la commune ne seront point exigées des citoyens qui, en vertu du décret du 19 septembre dernier, auront quitté la France pour s'établir en Algérie.

Art. 3. Ne seront pas inscrits sur la liste électorale :

1º Les individus privés de leurs droits civils et politiques par suite de condamnation, soit à des peines afflictives et infamantes, soit à des peines infamantes seulement ;

2º Ceux auxquels les tribunaux jugeant correctionnellement ont interdit le droit de vote et d'élection par application des lois qui autorisent cette interdiction ;

3º Les condamnés pour crime à l'emprisonnement par application de l'art. 463 du Code pénal ;

4º Les condamnés à trois mois de prison au moins, pour vol, escroquerie, abus de confiance, soustraction commise par des dépositaires de deniers publics, ou attentat aux mœurs prévu par l'art. 334 du Code pénal ;

5º Ceux qui ont été condamnés à trois mois de prison par application des art. 318 et 423 du Code pénal ;

6º Ceux qui ont été condamnés pour délit d'usure ;

7º Les interdits ;

8º Les faillis qui, n'ayant point obtenu de concordat ou n'ayant point été déclarés excusables, conformément à l'art. 538 du Code de commerce, n'ont pas d'ailleurs été réhabilités.

Toutefois le paragraphe 3 du présent article n'est applicable, ni aux condamnés en matière politique, ni aux condamnés pour coups et blessures, si l'interdiction du droit d'élire n'a pas été, dans le cas où la loi l'autorise, prononcée par l'arrêt de condamnation.

Art. 4. Après l'expiration du délai porté à l'art. 1er, la liste, dressée par le maire, sera immédiatement déposée au secrétariat de la mairie pour y être communiquée à tout requérant ; elle pourra être copiée et reproduite par la voie de l'impression.

Le jour même du dépôt de la liste, avis de ce dépôt sera donné par affiches apposées aux lieux accoutumés.

Art. 5. Une copie de la liste et du procès-verbal constatant l'accomplissement des formalités prescrites par l'article précédent sera en même temps transmise au sous-préfet de l'arrondissement, qui l'adressera dans les deux jours, avec ses observations, au préfet du département.

Art. 6. Si le préfet estime que les formalités et les délais prescrits par la loi n'ont pas été observés, il devra, dans les deux jours de la réception de la liste, déférer les opérations du maire au conseil de préfecture du département, qui statuera dans les trois jours, et fixera, s'il y a lieu, le délai dans lequel les opérations annulées devront être refaites.

Dans ce dernier cas, le conseil de préfecture pourra, par la même décision, réduire à cinq jours le terme pendant lequel les citoyens devront prendre connaissance de la liste et former leurs réclamations ; il pourra également ordonner que les réclamations seront, dans les trois jours de leur date, portées devant le juge de paix, directement, et sans examen préalable, par la commission municipale.

Art. 7. Tout citoyen omis sur la liste pourra, dans les dix jours à compter de l'apposition des affiches, présenter sa réclamation à la mairie.

Dans le même délai, tout électeur inscrit sur l'une des listes du département pourra réclamer la radiation ou l'inscription de tout individu omis ou indûment inscrit.

Il sera ouvert, dans chaque mairie, un registre sur lequel les réclamations seront inscrites par ordre de date : le maire devra donner récépissé de chaque réclamation.

Art. 8. L'électeur dont l'inscription aura été contestée en sera averti sans frais par le maire, et pourra présenter ses observations.

Les réclamations seront jugées dans les cinq jours par une commission composée, à Paris, du maire et de deux adjoints, partout ailleurs, du maire et de deux membres du conseil municipal désignés à cet effet par le conseil.

Art. 9. Notification de la décision sera, dans les trois jours, faite aux parties intéressées, par le ministère d'un agent assermenté.

Elles pourront en appeler dans les cinq jours de la notification.

Art. 10. L'appel sera porté devant le juge de paix du canton ; il sera formé par simple déclaration au greffe ; le juge de paix statuera dans les dix jours, sans frais ni formes de procédure, et sur simple avertissement donné trois jours à l'avance à toutes les parties intéressées.

Toutefois, si la demande portée devant lui implique la solution préjudicielle d'une question d'état, il renverra préalablement les parties se pourvoir devant les juges compétents, et fixera un bref délai dans lequel la partie qui aura élevé la question préjudicielle devra justifier de ses diligences.

Il sera procédé, en cette circonstance, conformément aux art. 855, 856 et 858 du Code de procédure.

Art. 11. La décision du juge de paix sera en dernier ressort, mais elle pourra être déférée à la Cour de cassation.

Art. 12. Le pourvoi ne sera recevable que s'il est formé dans les dix jours de la notification de la décision ; il ne sera pas suspensif.

Il sera formé par simple requête, dispensé de l'intermédiaire d'un avocat à la cour, et jugé d'urgence sans frais ni consignation d'amende.

Art. 13. Tous les actes judiciaires seront, en matière électorale, dispensés du timbre, et enregistrés gratis.

Les extraits des actes de naissance nécessaires pour établir l'âge des électeurs seront délivrés gratuitement sur papier libre à tout réclamant. Ils porteront en tête de leur texte l'énonciation de leur destination spéciale, et ne seront admis pour aucune autre.

Art. 14. Si la décision du maire a été réformée, le juge de paix en donnera avis au préfet et au maire dans les trois jours de la réformation.

Art. 15. A l'expiration du dernier des délais fixés par les art. 1, 6, 7, 8, 9, 10 § 1er, et 14 de la présente loi, le maire opérera toutes les rectifications régulièrement ordonnées, transmettra au préfet le tableau de ces rectifications, et arrêtera définitivement la liste électorale de la commune.

Dans tous les cas, et nonobstant toute espèce de retard, les listes électorales, pour toutes les communes seront censées closes et arrêtées le cinquantième jour qui suivra celui de la promulgation de la présente loi.

Art. 16. La minute de la liste électorale reste déposée au secrétariat de la commune ; la copie et le tableau rectificatif transmis au préfet, conformément aux art. 5 et 15 de la présente loi, restent déposés au secrétariat général du département.

Communication en est toujours donnée aux citoyens qui la demandent.

Art. 17. Dès que les listes seront devenues définitives, le préfet en enverra à l'intendant militaire un extrait contenant les noms de tous les électeurs en activité de service militaire.

L'intendant militaire adressera aux conseils d'administration ou aux chefs de corps copie officielle de la partie de cet extrait concernant les hommes sous leurs ordres.

Des extraits semblables, en ce qui concerne les hommes immatriculés sur les rôles de l'inscription maritime et retenus par le service des ports ou de la flotte, seront également envoyés par les préfets aux commissaires de marine, qui les transmettront sans délai aux chefs maritimes sous les ordres desquels ces hommes sont placés.

Art. 18. Toutefois, et pour l'élection de la prochaine assemblée législative, dans les localités où les extraits officiels de la liste définitive n'auront pu parvenir aux conseils d'administration ou aux chefs de corps pour le jour de l'élection, les militaires et les hommes au service des ports ou de la flotte seront admis à voter sur le vu de l'extrait de la liste, telle qu'elle aura été originairement dressée par le maire, et transmise en copie au préfet, conformément aux articles 1, 2, 3, 4 et 5 de la présente loi.

A cet effet, dès la réception de cette copie, le préfet pourvoira à ce que les extraits en soient immédiatement envoyés, crmme il est dit en l'article précédent.

Art. 19. Quinze jours avant l'élection, le préfet fera publier, dans le recueil des actes administratifs du département, le tableau des corps auxquels appartiennent les électeurs du département en activité de service militaire ou maritime, et l'indication des lieux où ces corps se trouvent.

Ce tableau sera en même temps déposé au secrétariat de la préfecture, pour y être communiqué à toute réquisition.

TITRE II.

Révision annuelle des listes électorales.

Art. 20. Les listes électorales sont permanentes.

Il ne peut y être fait de changement que lors de la révision annuelle ; cette révision s'opère conformément aux dispositions suivantes :

Art. 21. Du 1er au 10 janvier de chaque année, le maire de chaque commune ajoute aux listes les citoyens qu'il reconnaît avoir acquis les qualités exigées par la loi, ceux qui acquerront les conditions d'âge et d'habitation avant le 1er avril, et ceux qui auraient été précédemment omis.

Il en retranche :

1º Les individus décédés ;

2º Ceux dont la radiation a été ordonnée par l'autorité compétente ;

3º Ceux qui ont perdu les qualités requises ;

4º Ceux qu'il reconnaît avoir été indûment inscrits, quoique leur inscription n'ait point été attaquée.

Il tient un registre de toutes ces décisions, et y mentionne les motifs et les pièces à l'appui.

Art. 22. Le tableau contenant les additions et retranchements faits par le maire à la liste électorale est déposé au plus tard le 15 janvier au secrétariat de la commune.

Il est ensuite procédé, à l'égard de ce tableau, conformément aux art. 4, 5, 6 1er §, 7, 8, 9, 10, 11, 12, 13 et 14 de la présente loi.

Art. 23. Le 31 mars de chaque année, le maire opère toutes les rectifications régulièrement ordonnées, transmet au préfet le tableau de ces rectifications, et arrête définitivement la liste électorale de la commune.

Il est ensuite procédé conformément aux articles 16 et 17 de la présente loi.

La liste électorale reste jusqu'au 31 mars de l'année suivante telle qu'elle a été arrêtée, sauf néanmoins les changements qui y auraient été ordonnés par décisions du juge de paix, et sauf aussi la radiation des noms des électeurs décédés ou privés des droits civils et politiques par jugement ayant force de chose jugée.

L'élection, à quelque époque de l'année qu'elle ait lieu, se fait sur cette liste.

TITRE III.

Des colléges électoraux.

CHAPITRE PREMIER.

Art. 24. Les colléges électoraux s'ouvrent au jour fixé par la loi pour les élections auxquelles ils doivent procéder.

Le jour de l'ouverture du scrutin devra toujours être un dimanche ou un jour férié, sauf toutefois le cas prévu par le troisième paragraphe de l'art. 34 de la Constitution.

Art. 25. Les électeurs se réunissent au chef-lieu de canton.

Art. 26. Néanmoins, en raison des circonstances locales, le canton peut être divisé en circonscriptions.

Art. 27. — Cette division ne peut excéder le nombre de quatre circonscriptions.

Art. 28. Le tableau des circonscriptions est arrêté par le préfet, conformément à l'avis du conseil général. Les conseils cantonaux sont préalablement consultés. Le tableau est revisé tous les trois ans.

Art. 29 Si la division opérée pour un canton excède le nombre de circonscriptions autorisé par l'article précédent, le ministre de l'intérieur, soit d'office, soit sur la réclamation d'un ou de plusieurs électeurs du département, annule la délibération du conseil général, l'arrêté du préfet qui s'en est suivi, et pourvoit, par la même décision, à une nouvelle division dans les limites légales.

Art. 30. Transitoirement, et seulement pour les élections de la prochaine assemblée législative, les circonscriptions resteront telles qu'elles ont été formées pour l'élection du 10 décembre dernier.

Néanmoins, à l'égard des cantons où, contrairement à la loi, la division aurait été faite en plus de quatre circonscriptions, il sera procédé, par le ministre de l'intérieur, conformément aux conditions de l'article précédent.

Art. 31. Chaque canton ou circonscription cantonale peut être divisé, par arrêté du préfet, en autant de sections que le rend nécessaire le nombre des électeurs inscrits; mais toutes les sections doivent siéger au chef-lieu du canton ou dans la commune désignée comme chef-lieu de la circonscription électorale.

Art. 32. Les colléges électoraux ne peuvent s'occuper que de l'élection pour laquelle ils sont réunis.

Toutes discussions, toutes délibérations leur sont interdites.

Art. 33. Le président du collège ou de la section a seul la police de l'Assemblée.

Nulle force armée ne peut, sans son autorisation, être placée dans la salle des séances ni aux abords du lieu où se tient l'Assemblée.

Les autorités civiles et les commandants militaires sont tenus de déférer à ses réquisitions.

Art. 34. Le bureau de chaque collège ou section est composé d'un président, de quatre assesseurs, et d'un secrétaire choisi par eux parmi les électeurs.

Dans les délibérations du bureau, le secrétaire n'a que voix consultative.

Art. 35. Les colléges et sections sont présidés au chef-lieu de canton par le juge de paix et ses suppléants, et, à leur défaut, par les maires, adjoints et conseillers municipaux de la commune.

Dans les autres circonscriptions, la présidence est dévolue aux maire, adjoints et conseillers municipaux de la commune désignée comme chef-lieu de la circonscription électorale.

Si les juges de paix, suppléants, maires, adjoints et conseillers municipaux ne se trouvent pas en nombre suffisant pour présider toutes les sections, les présidents sont désignés par le maire parmi les électeurs sachant lire et écrire.

A Paris, les sections sont présidées, dans chaque arrondissement, par le maire; les adjoints, ou des électeurs désignés par eux.

Art. 36. Les assesseurs sont pris, suivant l'ordre du tableau, parmi les conseillers municipaux sachant lire et écrire; à leur défaut, les assesseurs sont les deux plus âgés et les deux plus jeunes électeurs présents sachant lire et écrire.

A Paris, les fonctions d'assesseurs sont remplies dans chaque section par les deux plus âgés et les deux plus jeunes électeurs présents et sachant lire et écrire.

Art. 37. Trois membres du bureau au moins doivent être présents pendant tout le cours des opérations du collège.

Art. 38. Le bureau prononce provisoirement sur les difficultés qui s'élèvent touchant les opérations du collège ou de la section.

Ses décisions sont motivées

Toutes les réclamations et décisions sont insérées au procès-verbal; les pièces ou bulletins qui s'y rapportent y sont annexés, après avoir été parafés par le bureau

Art. 39. Pendant toute la durée des opérations électorales, une copie officielle de la liste des électeurs, contenant les nom, domicile et qualification de chacun des inscrits, reste déposée sur la table autour de laquelle siége le bureau.

Art. 40. Tout électeur inscrit sur cette liste a le droit de prendre part au vote.

Art. 41. Ce droit est suspendu.

Pour les détenus,

Pour les contumax,

Et pour les personnes non interdites, mais retenues, en vertu de la loi du 30 juin 1838, dans un établissement public d'aliénés.

Art. 42. Nul ne peut être admis à voter s'il n'est inscrit sur la liste.

Art. 43. Toutefois seront admis au vote, quoique non inscrits, les citoyens porteurs d'une décision du juge de paix ordonnant leur inscription, ou d'un arrêt de la cour de cassation annulant un jugement qui aurait ordonné une radiation.

Art. 44. Lors de l'élection soit du président de la République, soit des membres de l'Assemblée nationale, les représentants du peuple seront également admis au vote, s'ils le requièrent, dans la circonscription électorale du lieu où siége l'assemblée.

Art. 45. Nul électeur ne peut entrer dans le collége électoral s'il est porteur d'armes quelconques.

Art. 46. Les électeurs sont appelés successivement par ordre de communes.

Art. 47. Ils apportent leur bulletins préparés en dehors de l'Assemblée.

Le papier du bulletin doit être blanc et sans signes extérieurs.

Art. 48. A l'appel de son nom, l'électeur remet au président son bulletin fermé.

Le président le dépose dans la boîte du scrutin, laquelle doit, avant le commencement du vote, avoir été fermée à deux serrures, dont les clefs restent, l'une entre les mains du président, l'autre entre celles du scrutateur le plus âgé.

Art. 49. Le vote de chaque électeur est constaté par la signature ou le parafe de l'un des membres du bureau, apposé sur la liste, en marge du nom du votant.

Art. 50. L'appel par commune étant terminé, il est procédé au réappel de tous ceux qui n'ont pas voté.

Art. 51. Le scrutin reste ouvert pendant deux jours : le premier jour depuis huit heures du matin jusqu'à six heures du soir, et le second jour depuis huit heures du matin jusqu'à quatre heures du soir.

Art. 52. Les boîtes de scrutin sont scellées et déposées pendant la nuit au secrétariat ou dans la salle de la mairie, et elles sont gardées par un poste de la garde nationale.

Les scellés sont également apposés sur les ouvertures de la salle où ces boîtes ont été déposées.

Art. 53. Après la clôture du scrutin, il est procédé au dépouillement de la manière suivante :

La boîte du scrutin est ouverte, et le nombre des bulletins vérifié.

Si ce nombre est plus grand ou moindre que celui des votants, il en est fait mention au procès-verbal.

Le bureau désigne parmi les électeurs présents un certain nombre de scrutateurs sachant lire et écrire, lesquels se divisent par tables de quatre au moins.

Le président répartit entre les diverses tables les bulletins à vérifier.

A chaque table, l'un des scrutateurs lit chaque bulletin à haute voix, et le passe à un autre scrutateur ; les noms portés sur les bulletins sont relevés sur des listes préparées à cet effet.

Art. 54. Le président et les membres du bureau surveillent l'opération du dépouillement.

Néanmoins, dans les colléges ou sections où il se sera présenté moins de 300 votants, le bureau pourra procéder lui-même, et sans l'intervention des scrutateurs supplémentaires, au dépouillement du scrutin.

Art. 55. Les tables sur lesquelles s'opère le dépouillement du scrutin sont disposées de telle sorte que les électeurs puissent circuler à l'entour.

Art. 56. Sont valables les bulletins contenant plus ou moins de noms qu'il n'y a de citoyens à élire.

Les derniers noms inscrits au delà de ce nombre ne sont pas comptés.

Art. 57. Les bulletins blancs,

Ceux ne contenant pas une désignation suffisante,

Ou contenant une désignation ou qualification inconstitutionnelle,

Ou dans lesquels les votants se font connaître, n'entrent point en compte dans le résultat du dépouillement, mais ils sont annexés au procès-verbal.

Art. 58. Immédiatement après le dépouillement, le résultat du scrutin est rendu public, et les bulletins autres que ceux qui, conformément aux art. 38 et 57, doivent être annexés au procès-verbal, sont brûlés en présence des électeurs.

Art. 59. Pour les colléges divisés en plusieurs sections, le dépouillement du scrutin se fait dans chaque section. Le résultat est immédiatement arrêté et signé par le bureau ; il est ensuite porté par le président au bureau de la première section, qui, en présence des présidents des autres sections, opère le recensement général des votes et en proclame le résultat.

Art. 60. Dans les cantons divisés en plusieurs circonscriptions, le résultat du recensement dans chaque circonscription est porté au bureau de la circonscription du chef-lieu, et le recensement cantonal est fait par ce bureau en présence des présidents des autres bureaux.

Art. 61. Les procès-verbaux des opérations électorales de chaque canton sont rédigés en double.

L'un de ces doubles reste déposé au greffe de la justice de paix ; l'autre double est porté au chef-lieu du département par le président du bureau ou par l'un des membres que le bureau délègue à cet effet.

Le bureau pourra, au besoin, décider que ce double sera envoyé par la poste ou par un courrier spécial.

Le recensement général des votes se fait au chef-lieu du département, en séance publique, et en présence des délégués des bureaux des assemblées cantonales, sous la présidence du juge de paix ou du doyen des juges de paix du chef-lieu.

A Paris, ce recensement a lieu sous la présidence du doyen des maires.

- Art. 62. Les militaires présents sous le drapeau sont, dans chaque localité, répartis en sections électorales par département.

Chaque section est présidée par l'officier ou sous officier le plus élevé en grade, ou, à défaut, par le soldat le plus ancien, assisté de quatre scrutateurs.

Ces quatre scrutateurs sont les deux plus âgés et les deux plus jeunes électeurs présents sachant lire et écrire.

Il est procédé de la même manière pour les marins et ouvriers portés sur les rôles de l'inscription maritime, et retenus par leur service hors du lieu de leur résidence habituelle.

Le résultat est, pour chaque département, envoyé au préfet par le président de la section.

Le résultat transmis par le préfet au président du bureau électoral du chef-lieu est compris dans le recensement général des votes du département.

Néanmoins, l'exercice du droit électoral est suspendu pour les armées en campagne et pour les marins de la flotte se trouvant en cours de navigation.

Art. 63. Le recensement général des votes étant terminé, le président en fait connaître le résultat.

S'il s'agit d'élections à l'Assemblée nationale, le président proclame représentants du peuple, dans la limite du nombre attribué au département par la loi, les candidats qui ont obtenu le plus de voix, selon l'ordre de la majorité relative.

Art. 64. Néanmoins, nul n'est élu ni proclamé au premier tour de scrutin, s'il n'a réuni un nombre de voix égal au huitième de celui des électeurs inscrits sur la totalité des listes électorales du département.

Art 65. Dans le cas où le nombre des candidats réunissant au moins ce chiffre de voix est resté inférieur au nombre de représentants attribué au département par la loi, l'élection est continuée au deuxième dimanche qui suit le jour de la proclamation du résultat du premier scrutin, et alors elle a lieu à la majorité relative, quel que soit le nombre des suffrages obtenus.

Art. 66. Dans tous les cas où il y a concours par égalité de suffrages, le plus âgé obtient la préférence.

Art. 67. Aussitôt après la proclamation du résultat des opérations électorales, les procès-verbaux et les pièces y annexées sont transmis par les soins des préfets au président de l'Assemblée nationale.

Art. 68. Les opérations électorales sont vérifiées par l'Assemblée nationale ; elle est seule juge de leur validité.

Art. 69. Pour l'élection du président de la République, les militaires en activité de service votent avec les autres électeurs au lieu où ils se trouvent au jour de l'élection.

Art. 70. Dans les villes divisées en plusieurs sections, ils sont répartis entre les diverses sections par un arrêté spécial du maire.

Art. 71. Leurs bulletins sont confondus dans la même urne avec ceux des autres citoyens.

Art. 72. Au cas où des circonstances particulières rendent impossible le vote en commun avec les autres électeurs, les opérations électorales ont lieu sous la présidence de l'officier le plus élevé en grade, assisté de quatre scrutateurs choisis comme il est dit en l'art. 62.

Art. 73 Le scrutin est dépouillé séance tenante, et le procès-verbal signé par les membres du bureau est envoyé directement au président de l'Assemblée nationale.

Art. 74. Les électeurs momentanément retenus par leurs affaires ou leur travail dans une commune autre que celle sur la liste de laquelle ils sont inscrits, sont également, pour l'élection du président de la République, admis à voter dans le lieu de leur présence actuelle, s'ils produisent la preuve de leur inscription régulière sur la liste de leur commune.

Pour jouir de cette faculté ils doivent, dans les trois jours qui précèdent celui de l'élection, déposer les pièces justificatives de leur droit au secrétariat de la mairie ; il leur est donné en échange une carte indiquant le collège ou la section dans laquelle ils seront admis à voter.

CHAPITRE II.

Dispositions spéciales pour l'Algérie et les colonies.

Art. 75. Les élections pour la présidence de la République et pour l'Assemblée nationale auront lieu :

En Algérie 15 jours,
Aux Antilles, 45 jours, } avant celui fixé
Au Sénégal et à la Guyane, } pour les élec-
80 jours, } tions en France.
A l'île de la Réunion, 120 j.,.

Art. 76. Néanmoins, pour l'élection de la prochaine assemblée législative, les délais et formalités, en ce qui touche les colonies, seront reglés ainsi qu'il suit.

Aussitôt après la publication de la présente loi dans chaque colonie, il sera procédé à la formation des listes électorales.

Les élections auront lieu, dans chaque colonie, le premier dimanche qui suivra la clôture desdites listes.

Art. 77. Les subdivisions électorales en sections par communes, quartiers ou sous-arrondissements, seront, dans chaque colonie, déterminées par l'autorité administrative.

Art. 78. Les fonctionnaires désignés par la présente loi seront, au besoin, remplacés par ceux dont les fonctions sont analogues ; une instruction ministérielle y pourvoira conformément aux nécessités locales.

TITRE IV.

Des éligibles.

Art. 79. Ne peuvent être élus représentants du peuple,

1° Les individus privés de leurs droits civils et politiques par suite de condamnation, soit à des peines afflictives et infamantes, soit à des peines infamantes seulement ;

2° Ceux auxquels les tribunaux jugeant correctionnellement ont interdit le droit de vote, d'élection ou d'éligibilité, par application des lois qui autorisent cette interdiction ;

3° Les condamnés pour crime à l'emprisonnement par application de l'art. 463 du Code pénal ;

4° Les condamnés pour vol, escroquerie, abus de confiance, soustraction commise par des dépositaires de deniers publics, ou attentat aux mœurs prévu par l'art. 334 du Code pénal ;

5° Ceux qui ont été condamnés par application des art. 318 et 423 du Code pénal ;

6° Ceux qui ont été condamnés pour délit d'usure ;

7° Ceux qui ont été condamnés pour adultère ;

8° Les accusés contumax ;

9° Les interdits et les citoyens pourvus d'un conseil judiciaire ;

10° Les faillis non réhabilités, dont la faillite a été déclarée soit par les tribunaux français, soit par jugement rendu à l'étranger, mais exécutoire en France.

Toutefois le paragraphe troisième du présent article n'est applicable ni aux condamnés en matière politique, ni aux condamnés pour coups et blessures, si l'interdiction du droit de vote, d'élection ou d'éligibilité n'a pas été, dans le cas où la loi l'autorise, prononcée par l'arrêt de condamnation.

Art. 60. Sera déchu de la qualité de représentant du peuple tout membre de l'Assemblée nationale qui, pendant la durée de son mandat législatif, aura été frappé d'une condamnation emportant, aux termes de l'article précédent, l'incapacité d'être élu. La déchéance sera prononcée par l'Assemblée nationale, sur le vu des pièces justificatives.

Art. 81. Ne peuvent être élus représentants du peuple,

1° Les individus chargés d'une fourniture pour le gouvernement ou d'une entreprise de travaux publics ;

2° Les directeurs et administrateurs de chemins de fer.

Tout représentant du peuple qui, pendant le cours de son mandat, aura entrepris une fourniture pour le gouvernement ou accepté une place soit de directeur, soit d'administrateur de chemin de fer, ou qui aura pris un intérêt dans une entreprise soumise au vote de l'Assemblée nationale, sera réputé démissionnaire, et déclaré tel par l'Assemblée nationale.

Tout marché passé par le gouvernement avec un membre de la législature, dans les six mois qui la suivent, est nul.

Les dispositions précédentes ne s'appliquent pas, pour l'élection de la prochaine législature, aux individus ayant passé des marchés avec le gouvernement antérieurement à la promulgation de la présente loi.

Art. 82. Ne peuvent être élus par les départements compris en tout ou en partie dans leur ressort,

Les premiers présidents, les présidents et les membres des parquets des cours d'appel ;

Les présidents, les vice-présidents, les juges d'instruction et les membres des parquets des tribunaux de première instance ;

Le commandant supérieur des gardes nationales de la Seine ;

Le préfet de police, les préfets, sous-préfets, secrétaires généraux et conseillers de préfecture ;

Les ingénieurs en chef et d'arrondissement ;

Les recteurs et inspecteurs d'académie ;

Les inspecteurs des écoles primaires ;

Les archevêques, évêques et vicaires généraux ;

Les officiers généraux commandant les divisions et les subdivisions militaires ;

Les intendants divisionnaires et les sous-intendants militaires ;

Les préfets maritimes ;

Les receveurs généraux et les receveurs particuliers des finances ;

Les directeurs des contributions directes et indirectes, des domaines et de l'enregistrement, et des douanes ;

Les conservateurs et inspecteurs des forêts.

Cette prohibition s'applique, pour les colonies, aux gouverneurs et à tous les citoyens y remplissant une fonction correspondant à l'une de celles énumérées au présent article.

Art. 83. La prohibition continuera de subsister pendant les six mois qui suivront la cessation de la fonction par démission, destitution, changement de résidence ou de toute autre manière.

Toutefois cette disposition ne s'appliquera pas aux fonctionnaires dont les fonctions auront cessé, soit avant la promulgation de la présente loi, soit dans les dix jours qui la suivront.

Art. 84. Tout fonctionnaire rétribué élu représentant du peuple, et non compris dans les exceptions admises par les art. 85 et 86 de la présente loi, sera réputé démissionnaire de ses fonctions, par le seul fait de son admission comme membre de l'Assemblée législative, s'il n'a pas opté, avant la vérification de ses pouvoirs, entre sa fonction et le mandat législatif.

Art. 85. Sont, en vertu de l'art. 28 de la constitution, exceptés de l'incompatibilité prononcée par cet article entre toute fonction publique rétribuée et le mandat de représentant du peuple.

Les ministres ;

Le commandant supérieur des gardes nationales de la Seine ;

Le procureur général à la cour de cassation ;

Le procureur général à la cour d'appel de Paris ;

Le préfet de la Seine ;

Les citoyens chargés temporairement d'un commandement extraordinaire ou d'une mission extraordinaire, soit à l'intérieur, soit à l'extérieur.

Toute mission qui aura duré six mois cessera d'être réputée temporaire.

Art. 86. Sont également exceptés :

Les professeurs dont les chaires sont données au concours ou sur présentation faite par leurs collègues, quand ils exercent leurs fonctions dans le lieu où siège l'Assemblée nationale ;

Les fonctionnaires appartenant à un corps ou à une administration dans lesquels la distinction entre l'emploi et le grade est établie par une loi.

Art. 87. Les fonctionnaires désignés dans le dernier paragraphe de l'article précédent seront, par le seul fait de leur admission à l'assemblée législative, réputés avoir renoncé à leur situation d'activité.

En conséquence, à dater du jour de leur admission, et pendant la durée de leur mandat, les officiers de tous grades et de toutes armes, nommés représentants du peuple, seront considérés comme étant en mission hors cadre, les sous-officiers et soldats comme étant en congé temporaire.

Les ingénieurs des ponts et chaussées et des mines seront réputés démissionnaires de leur emploi, et ne conserveront, pour être remis en activité, quand l'incompatibilité aura cessé, que l'aptitude constatée par leur grade au moment de leur admission dans l'assemblée législative.

Art. 88. Les fonctions publiques rétribuées, commandements ou missions auxquels, par exception à l'art. 28 de la Constitution, les membres de l'Assemblée nationale peuvent être appelés pendant la durée de la législature, par le choix du pouvoir exécutif, sont ceux énumérés en l'art. 85.

Art. 89. La prohibition exprimée par le deuxième paragraphe de l'art. 28 de la Constitution comprend toute la durée de la législature, et six mois au delà.

TITRE V.

Dispositions générales.

Art. 90. Chaque département élit au scrutin de liste le nombre de représentants qui lui est attribué par le tableau annexé à la présente loi. Ce tableau sera revisé dans les trois premiers mois de l'année 1852, et ensuite tous les cinq, ans.

Art. 91. Le représentant élu dans plusieurs départements doit faire connaître son option au président de l'Assemblée nationale dans les dix jours qui suivent la déclaration de la validité de ces élections. A défaut d'option dans ce délai, la question est décidée par la voie du sort et en séance publique.

Art. 92. En cas de vacance par option, décès, démission ou autrement, le collége électoral qui doit pourvoir à la vacance est réuni dans le délai de quarante jours.

Art. 93. Ce délai est de deux mois pour la Corse et l'Algérie ;

De trois mois pour les Antilles et la Guyane ;

De quatre mois pour le Sénégal ;

De cinq mois pour l'Ile de la Réunion.

Art. 94. L'intervalle entre la promulgation de l'arrêté de convocation du collége et l'ouverture du collége est de vingt jours au m ins.

Art. 95. L'Assemblée nationale a seule le droit de recevoir la démission d'un de ses membres.

Art. 96. L'indemnité prescrite par l'art. 38 de la Constitution est fixée à 9,000 fr. par an. Elle est incompatible avec tous traitements d'activité, de non-activité ou de disponibilité.

Ces traitements restent suspendus pendant la durée de la législature ; toutefois les représentants du peuple, investis des fonctions énumérées dans l'art. 85. touchent le traitement afférent à leur fonction, sans pouvoir cumuler avec ce traitement l'indemnité législative.

Les représentants envoyés des colonies reçoivent, en outre, l'indemnité de passage pour l'aller et le retour.

Art. 97. A partir de la réunion de la prochaine assemblée législative, les dispositions de l'art. 5 du décret du 10 juillet 1848 cesseront d'avoir leur effet.

L'indemnité fixée pour les représentants pourra être saisie, même en totalité.

TITRE VI.

Dispositions pénales.

Art. 98. Toute personne qui se sera fait inscrire sur la liste électorale sous de faux noms ou de fausses qualités, ou aura, en se faisant inscrire, dissimulé une incapacité prévue par la loi, ou aura réclamé ou obtenu inscription sur deux ou plusieurs listes, sera punie d'un emprisonnement d'un mois à un an, et d'une amende de 100 fr. à 1,000 fr.

Art. 99. Celui qui, déchu du droit de voter, soit par suite d'une condamnation judiciaire, soit par suite d'une faillite non suivie de concordat, d'excuse déclarée par jugement, ou de réhabilitation, aura voté, soit en vertu d'une inscription sur les listes antérieures à sa déchéance, soit en vertu d'une inscription postérieure, mais opérée sans sa participation, sera puni d'un emprisonnement de quinze jours à trois mois et d'une amende de 50 fr. à 500 fr.

Art. 100. Quiconque aura voté dans une assemblée électorale, soit en vertu d'une inscription obtenue dans les deux premiers cas prévus par l'art. 94. soit en prenant faussement les noms et qualités d'un électeur inscrit, sera puni d'un emprisonnement de six mois à deux ans, et d'une amende de 200 fr. à 2,000 fr.

Art. 101. Sera puni de la même peine tout citoyen qui aura profité d'une inscription multiple pour voter plus d'une fois.

Art. 102. Quiconque, étant chargé dans un scrutin de recevoir, compter ou dépouiller les bulletins contenant les suffrages des citoyens, aura soustrait, ajouté ou altéré des bulletins, ou lu des noms autres que ceux inscrits, sera puni d'un emprisonnement d'un an à cinq ans et d'une amende de 500 à 5,000 fr.

Art. 103. La même peine sera appliquée à tout individu qui, chargé par un électeur d'écrire son suffrage, aura inscrit sur le bulletin des noms autres que ceux qui lui étaient désignés.

Art. 104. L'entrée dans l'assemblée électorale avec armes apparentes sera punie d'une amende de 16 fr. à 100 fr.

La peine sera d'un emprisonnement de quinze jours à trois mois, et d'une amende de 50 fr. à 300 fr. si les armes étaient cachées.

Art. 105. Quiconque aura donné, promis ou reçu des deniers, effets ou valeurs quelconques sous la condition, soit de donner ou de procurer un suffrage, soit de s'abstenir de voter, sera puni d'un emprisonnement de trois mois à deux ans, et d'une amende de 500 fr. à 5,000 fr.

Seront punis des mêmes peines ceux qui, sous les mêmes conditions, auront fait ou accepté l'offre ou la promesse d'emplois publics ou privés, ou de tout autre avantage, soit individuel, soit collectif.

Si le coupable est fonctionnaire public, la peine sera du double.

Art. 106. Ceux qui, soit par voies de fait, violences ou menaces contre un électeur, soit en lui faisant craindre de perdre son emploi ou d'exposer à un dommage sa personne, sa famille ou sa fortune, l'auront déterminé ou auront tenté de le déterminer à s'abstenir de voter, ou auront, soit influencé, soit tenté d'influencer son vote, seront punis d'un emprisonnement d'un mois à un an et d'une amende de 100 fr. à 2,000 fr.

La peine sera du double si le coupable est fonctionnaire public.

Art. 107. Ceux qui, à l'aide de fausses nouvelles, bruits calomnieux ou autres manœuvres frauduleuses, auront surpris ou détourné, tenté de surprendre ou de détourner des suffrages, déterminé ou tenté de déterminer un ou plusieurs électeurs à s'abstenir de voter, seront punis d'un emprisonnement d'un mois à un an, et d'une amende de 100 à 2,000 fr.

Art. 108. Lorsque, par attroupements, clameurs ou démonstrations menaçantes, on aura troublé les opérations d'un collège électoral, porté ou tenté de porter atteinte à l'exercice du droit électoral ou à la liberté du vote, les coupables seront punis d'un emprisonnement de trois mois à deux ans et d'une amende de 100 fr. à 2,000 fr.

Art. 109. Toute irruption dans un collège électoral, consommée ou tenté avec violence, en vue d'interdire ou d'empêcher un choix, sera punie d'un emprisonnement d'un an à cinq ans, et d'une amende de 1,000 à 5,000 fr.

Art. 110. Si les coupables étaient porteurs d'armes, ou si le scrutin a été violé, la peine sera la réclusion.

Art. 111. Elle sera des travaux forcés à temps si le crime a été commis par suite d'un plan concerté pour être exécuté, soit dans toute la République, soit dans un ou plusieurs départements, soit dans un ou plusieurs arrondissements.

Art. 112. Les membres d'un collège électoral qui, pendant la réunion, se seront rendus coupables d'outrages ou de violence, soit envers le bureau, soit envers l'un de ses membres, ou qui, par voies de fait ou menaces, auront retardé ou empêché les opérations électorales, seront punis d'un emprisonnement d'un mois à un an et d'une amende de 100 fr. à 2,000 fr.

Si le scrutin a été violé, l'emprisonnement sera d'un an à cinq ans et l'amende de 1,000 fr. à 5,000 fr.

Art. 113. L'enlèvement de l'urne contenant les suffrages émis et non encore dépouillés sera puni d'un emprisonnement d'un an à cinq ans et d'une amende de 1,000 fr. à 5,000 fr.

Si cet enlèvement a été effectué en réunion et avec violence, la peine sera la réclusion.

Art. 114. La violation du scrutin faite, soit par les membres du bureau, soit par les agents de l'autorité préposés à la garde des bulletins non encore dépouillés, sera punie de la réclusion.

Art. 115. Sera puni d'une amende de 25 fr. à 300 fr., tout président de collège ou de section qui aura fermé le scrutin avant l'heure fixée par l'art. 54 de la présente loi.

Dans ce cas, les art. 116 et 117, § 1er, ne seront pas appliqués.

Art. 116. Les condamnations encourues en vertu des articles précédents emporteront l'interdiction du droit d'élire et d'être élu.

Cette interdiction sera prononcée par le même arrêt pour un an au moins et cinq ans au plus.

Art. 117. Les crimes et délits prévus par la présente loi seront jugés par la cour d'assises.

L'art. 463 du Code pénal leur est applicable.

Lorsque, en matière de délits, le jury aura reconnu l'existence des circonstances atténuantes, la peine prononcée par la cour ne s'élèvera jamais au-dessus du minimum déterminé par la présente loi.

Dans le même cas, la cour pourra ne pas prononcer l'interdiction du droit d'élire ou d'être élu.

Art. 118. En cas de conviction de plusieurs crimes ou délits prévus par la présente loi et commis antérieurement au premier acte de poursuite, la peine la plus forte sera seule appliquée.

Art. 119. Si le crime ou délit est imputé à un agent du Gouvernement, la poursuite aura lieu sans qu'il soit besoin d'une autorisation préalable.

Art. 120. Si le fonctionnaire inculpé est renvoyé de la plainte, la partie civile pourra, selon les circonstances, être condamnée à une amende de 100 fr. à 5,000 fr., et aux dommages et intérêts.

Le jury statuera sur le point de savoir s'il y a lieu à amende; il prononcera de plus, mais à la simple majorité, sur le chiffre des dommages-intérêts, dans tous les cas où il en aura été demandé, soit par la partie civile, soit par l'accusé.

Art. 121. L'action publique et l'action civile seront prescrites après trois mois, à partir du jour de la proclamation du résultat de l'élection.

Art. 122. La condamnation, s'il en est prononcé, ne pourra, en aucun cas, avoir pour effet d'annuler l'élection déclarée valide par les pouvoirs compétents, ou devenue définitive par l'absence de toute protestation régulière formée dans les délais voulus par les lois spéciales.

Art. 123. Les électeurs du collège qui aura procédé à l'élection à l'occasion de laquelle les crimes ou délits auront été commis, auront seuls qualité pour porter plainte; toutefois leur défaut d'action ne portera aucun préjudice à l'action publique.

Art. 124. Les lois antérieures sont abrogées

en ce qu'elles ont de contraire aux dispositions de la présente loi.

Délibéré en séance publique, à Paris, les 8 et 28 février et 15 mars 1849.

Le président et les secrétaires,

ARMAND MARRAST, ÉMILE PÉAN, F. DEGEORGE, LOUIS LAUSSEDAT, JULES RICHARD, PEUPIN, LOUIS PERRÉE.

Le président de l'Assemblée nationale,

ARMAND MARRAST.

TABLEAU DU NOMBRE DE REPRÉSENTANTS DU PEUPLE A ÉLIRE PAR CHAQUE DÉPARTEMENT.

Département		Département	
Ain	8	Meuse	7
Aisne	12	Morbihan	10
Allier	7	Moselle	9
Alpes (Basses-)	3	Nièvre	7
Alpes (Hautes-)	3	Nord	24
Ardèche	8	Oise	8
Ardennes	7	Orne	9
Ariége	6	Pas-de-Calais	15
Aube	5	Puy-de-Dôme	13
Aude	6	Pyrénées (Basses-)	10
Aveyron	8	Pyrénées (Hautes-)	5
Bouches-du-Rhône	9	Pyrénées-Orientales	4
Calvados	10	Rhin (Bas-)	12
Cantal	5	Rhin (Haut-)	10
Charente	8	Rhône	11
Charente-Inférieure	10	Saône (Haute-)	7
Cher	6	Saône-et-Loire	12
Corrèze	7	Sarthe	10
Corse	5	Seine	28
Côte-d'Or	8	Seine-Inférieure	16
Côtes-du-Nord	13	Seine-et-Marne	7
Creuse	6	Seine-et-Oise	10
Dordogne	10	Sèvres (Deux-)	7
Doubs	6	Somme	12
Drôme	7	Tarn	8
Eure	9	Tarn-et-Garonne	5
Eure-et-Loir	6	Var	7
Finistère	13	Vaucluse	5
Gard	8	Vendée	8
Garonne (Haute-)	10	Vienne	6
Gers	7	Vienne (Haute-)	7
Gironde	13	Vosges	9
Hérault	8	Yonne	8
Ille-et-Vilaine	12	Algérie	3
Indre	5	Martinique	2
Indre-et-Loire	6	Guadeloupe	2
Isère	12	Guyanne	1
Jura	7	Sénégal	1
Landes	6	Ile de la Réunion	2
Loir-et-Cher	5		
Loire	9	**Total...**	**750**
Loire (Haute-)	6		
Loire-Inférieure	11		
Loiret	7		
Lot	6		
Lot-et-Garonne	7		
Lozère	3		
Maine-et-Loire	11		
Manche	13		
Marne	8		
Marne (Haute-)	5		
Mayenne	8		
Meurthe	9		

Délibéré en séance publique, à Paris, les 8 et 28 février et 15 mars 1849.

Le président et les secrétaires :

ARMAND MARRAST, ÉMILE PÉAN, F. DEGEORGE, LOUIS LAUSSEDAT, JULES RICHARD, PEUPIN, LOUIS PERRÉE.

Le président de l'Assemblée nationale.

ARMAND MARRAST.

CIRCULAIRE DU MINISTRE DE L'INTÉRIEUR.

RÉPUBLIQUE FRANÇAISE.

Liberté, Égalité, Fraternité.

Élections à l'Assemblée nationale. — Instructions pour la confection des listes d'électeurs.

Paris, le 19 mars 1849.

Monsieur le préfet,

La loi sur les élections des représentants du peuple et du président de la République, adoptée par l'Assemblée nationale, dans sa séance du 15 mars, a été publiée par le *Moniteur* de ce jour.

Époque de laquelle partent les délais pour l'exécution de la loi.

Il a été expliqué dans la discussion (séances des 15 février et 6 mars), que l'époque à partir de laquelle, selon l'art. 1er de ladite loi, court le délai de publication des listes électorales et qui est celle de la *promulgation*, doit s'entendre du jour où la loi aura été publiée à Paris. Ce jour est donc le 19 mars, et, suivant l'art. 2 de la loi du 14 février, il sert de point de départ, dans tous les départements, à la période qui s'écoulera jusqu'à la clôture des listes ainsi qu'aux diverses phases de cette période.

Selon les explications qui ont été données dans la séance du 6 mars et qui sont conformes au texte des articles 1, 4, 7, 8, 9, 10 et 14 de la loi, cette période embrasse quarante-huit jours. L'art. 15, paragraphe 2, étend le délai jusqu'à cinquante jours ; cette extension a été introduite en vue de retards imprévus qui pourraient avoir lieu, particulièrement dans le cas assez rare où des listes de commune auraient été recommencées. D'après les explications du président de l'Assemblée nationale dans la séance du 15 mars, auxquelles l'Assemblée a donné son assentiment, le jour de la clôture qui doit être le même dans toute la France sera ce terme extrême, établi par l'art. 15, savoir le *cinquantième jour* qui doit suivre celui de la promulgation.

Les délais normaux fixés par les articles 1, 4, 7, 8, 9, 10 et 14 de la loi du 15 mars constituent, ainsi qu'il a été dit ci-dessus, une période de quarante-huit jours dont le tableau qui suit présente les diverses phases.

Tableau des délais assignés pour les opérations successives.

	Nombre de jours.	Terme des opérations.
1o Confection de la liste (art. 1er)	12	31 mars.
2o Publication (art. 4) le 1er avril et délai ouvert aux réclamations (art. 7)	10	10 avril.
3o Délai pour les décisions de la commission municipale (art. 8)	5	15 avril.
4o Délai pour la notification des dernières décisions de la commission	3	18 avril.
5o Délai d'appel devant le juge de paix (art. 9, § 2)	5	23 avril.
6o Délai pour les décisions du juge de paix (art. 10)	10	3 mai.
7o Délai de l'avis à donner aux maires des décisions du juge de paix (art. 14)	3	6 mai.
Total	48	

Dans les communes où les délais ci-dessus auront été strictement observés, la clôture de la liste pourra donc avoir lieu le dimanche 6 mai. Les deux jours accordés en sus par l'article 15, paragraphe 2, permettront de la retarder si, à raison des distances ou par la nécessité de recommencer la liste, ou pour tout autre motif, un ou deux de ces délais avaient été dépassés d'un jour. Mais il importe de recommander à MM. les maires et à MM. les juges de paix de faire tous leurs efforts pour accomplir dans les limites prescrites les opérations qui leur sont confiées, et de tenir compte, quant à l'ordre selon lequel ils rendront ces décisions ou feront les actes de leur ressort, des distances plus ou moins grandes qui réduiraient la durée du nombre de jours dont ces délais se composent. Vous deviez adresser de semblables recommandations à MM. les sous-préfets, ainsi qu'à MM. les membres du conseil de préfecture ; et j'attends de vous les mêmes soins et la même exactitude.

Dans tous les cas, la clôture définitive des listes devra donc nécessairement être effectuée le 8 mai au plus tard.

La loi du 14 février ayant prescrit que les élections auront lieu le dimanche qui suivra la clôture des listes dans tous les départements, les assemblées électorales devront se réunir le dimanche 13 mai.

La période de quatre jours au moins qui s'écoulera entre la clôture des listes et le jour des élections sera employée à la formation de la feuille d'inscription des votants et à la distribution des cartes électorales.

Conformément à ma circulaire du 9 février, MM. les maires ont dû préparer les modifications qui devaient être apportées, suivant la législation alors existante, aux listes qui avaient servi à l'élection du président de la République. Je suis informé que ces fonctionnaires se sont occupés avec soin de ce travail préparatoire, qui fournira la plus grande partie des éléments des nouvelles listes.

Publication de la liste dans chaque commune.

Veuillez leur recommander de dresser immédiatement, chacun celle de sa commune, de manière qu'elles puissent être terminées le 31 mars, et publiées le 1er avril au matin.

Des modifications assez importantes, apportées aux conditions de capacité et de domicile, amèneront des changements dans la composition des listes qui devront être dressées en vertu de la loi nouvelle et nécessiteront le retranchement des anciens électeurs qui ne rempliraient pas ces conditions ;

Les listes doivent être refaites en entier.

Comme il s'agit de la première formation des listes électorales en vertu de ladite loi, il ne sera point nécessaire de publier les noms des électeurs précédemment inscrits et qui ne figureront plus sur les listes qui vont être dressées, ni de modifier ces retranchements. Les maires devront s'abstenir de ces publications et notifications. Les électeurs omis auront la faculté de réclamer et de se faire inscrire si l'omission n'est pas fondée.

Époque d'accomplissement des conditions d'âge et de domicile.

La condition d'âge, fixée à vingt et un ans par la Constitution, et la condition d'un domicile de six mois dans la commune, maintenue par la loi nouvelle (article 2), sont celles qui ont été suivies depuis un an dans la formation des listes. Elles doivent être calculées en rapportant le terme de leur accomplissement au jour où se réuniront les assemblées électorales. D'après la combinaison de l'art. 2 de la loi du 14 février et de l'art. 15 de la loi du 15 mars, ce jour sera le dimanche 13 mai. Il faudra donc tenir note, comme devant être inscrits, des citoyens qui, avant le 13 mai, auront accompli leur vingt et unième année ou acquis six mois de domicile.

Observations sur le domicile.

Veuillez remarquer que le *domicile* exigé par la loi électorale est le *domicile réel*, le lieu de la résidence la plus habituelle. Dans le plus grand nombre de cas, ce domicile se confond avec le domicile *civil*, tel que le définit le Code civil (art. 102 et suivants). Cependant cette identité ne se rencontre pas toujours, et lorsqu'il existe des raisons de douter, la question doit se décider par la considération du fait de la résidence.

Telles sont les règles qui depuis la loi du 5 février 1817, où, pour la première fois, on a employé le terme *domicile réel* en y attachant l'exercice du droit électoral, ont été suivies en cette matière.

La nouvelle loi n'a pas reproduit les dispositions de l'art. 5 de l'instruction du 8 mars, qui accordaient des facilités pour l'inscription des citoyens se trouvant momentanément hors de leur domicile réel (1).

Cependant, lorsqu'un citoyen, n'ayant pas changé de domicile depuis moins de six mois, a deux habitations où il réside successivement ou alternativement une partie de l'année, et si son établissement dans l'une et l'autre commune présente le caractère d'un double domicile réel, il peut déclarer aux deux mairies quelle est celle dans laquelle il désire être inscrit comme électeur, en présentant au maire de cette dernière commune un récépissé de la déclaration qu'il aura faite dans l'autre.

(1) Ainsi tout citoyen qui a changé de domicile depuis moins de six mois ne peut être inscrit sur aucune liste électorale.

Il en est de même des Français qui, résidant en pays étranger, ont cessé d'avoir une habitation en France.

Domicile des militaires.

Suivant l'art. 2, § 2, les militaires en activité de service seront portés sur les listes des communes où ils étaient *domiciliés avant leur départ.*

Le législateur ayant employé dans ce paragraphe l'expression *domiciliés*, les jeunes gens qui sont entrés dans l'armée par la voie de l'appel doivent être inscrits comme électeurs au *domicile légal de recrutement* défini par l'art. 6 de la loi du 21 mars 1832, et qui a déterminé leur inscription au tableau de recensement. C'est donc dans la commune où ils ont été inscrits pour le recrutement qu'ils doivent être portés sur la liste électorale.

Pour l'inscription des militaires, les maires devront consulter les tableaux annuels de recensement et les registres d'engagements volontaires déposés à la mairie. Les parents et amis des citoyens sous les drapeaux pourront demander, avant le 1er avril, l'inscription de ceux dont ils craindraient l'omission, ou la réclamer ensuite en vertu de l'article 7. Les militaires eux-mêmes pourront s'adresser directement au maire.

Inscription des militaires venant de quitter le service.

Il résulte des explications ci-dessus qu'un militaire qui vient de quitter le service, et qui retourne s'établir dans la commune où il avait son domicile légal de recrutement, doit y être inscrit comme électeur résidant, lors même qu'il y résiderait depuis moins de six mois. Il n'a jamais cessé, en effet, d'y être domicilié, et puisqu'il y a été inscrit comme appartenant à cette commune quand il était sous les drapeaux, sa position ne peut devenir moins favorable quand il revient l'habiter. Il n'en serait pas de même du militaire venant à s'établir, à sa sortie du service, dans une commune à laquelle il était étranger. Le principe général de l'art. 2 lui serait applicable.

L'observation ci-dessus s'applique également au militaire qui est entré dans l'armée autrement que par les contingents annuels, et qui revient, en quittant le service, s'établir dans la commune qu'il avait habitée précédemment et où il était porté sur la liste électorale quand il faisait partie de l'armée.

Les mêmes règles sont applicables aux marins, à leur sortie du service.

L'inscription sur la liste électorale ne peut comprendre que des citoyens français.

Nationalité.

Je n'ai point à revenir sur les indications que contient à cet égard l'instruction du 8 mars, et dont MM. les maires ont eu, dans certaines communes, occasion de faire l'application.

Les circulaires du 12 mars 1848, page 2, et du 14 novembre, page 16, ont fait observer que les étrangers qui ne sont pas naturalisés, et qui ont été admis seulement à jouir en France des droits civils (Code civil, art. 13), ne possèdent pas pour cela la qualité de Français, et qu'ils ne peuvent être inscrits comme électeurs, lors même qu'ils auraient été portés sur les contrôles de la garde nationale, en vertu de la faculté accordée par l'art. 10 de la loi du 22 mars 1831.

Incapacités déterminées par la loi nouvelle.

L'art. 4 de l'instruction du 8 mars énonçait les causes desquelles résultait la perte ou la suspension des droits de citoyen, et qui empêchaient l'inscription sur les listes électorales.

Des changements y ont été apportés par l'art. 3 du titre premier de la loi nouvelle.

Les deux premières catégories indiquées dans cet article se trouvaient déjà comprises dans l'art. 4 de l'instruction du 8 mars (§ 3 et 5).

Je dois rappeler ici, ainsi que le faisaient observer les circulaires des 12 mars et 14 novembre 1848, que l'incapacité résultant de la condamnation à une peine afflictive ou infamante cesse quand il y a eu réhabilitation, et que la perte des droits civiques, par l'effet d'un jugement criminel ou correctionnel, cesse également quand il y a eu amnistie.

Le deuxième paragraphe de l'art. 3, concernant les faillis, maintient l'état de choses établi par l'instruction du 8 mars et par le décret du 18 avril 1848. Il ne prononce l'incapacité que lorsque le failli n'a pas obtenu de concordat, ou n'a pas été déclaré excusable par jugement, ou n'a pas été réhabilité.

Mais la loi nouvelle ajoute aux causes d'incapacité (3e, 4e, 5e et 6e catégories). des condamnations à des peines correctionnelles (emprisonnement et amende). lors même que le tribunal n'a pas, en les infligeant, expressément prononcé la perte ou la suspension des droits civils et politiques (1).

Elle a (7e catégorie) maintenu parmi les causes d'incapacité électorale l'interdiction judiciaire, mais retranché la séquestration dans *une maison d'aliénés. Les individus dans cette position devront donc être portés* sur la liste électorale; mais ils ne pourront pas voter, n'ayant pas la liberté de sortir.

Il en sera de même des *accusés* renvoyés devant la cour d'assises, retenus en prison ou contumax.

L'art. 44 (titre III) déclare expressément que le droit électoral est suspendu à l'égard de ces trois catégories d'individus.

La loi nouvelle n'a pas établi d'incapacité à raison de la surveillance de la haute police, quand le jugement qui l'a prononcée ne rentre pas dans une des catégories précédentes.

Je vous invite, monsieur le préfet, à donner aux maires de votre département des explications conformes aux observations qui précédent.

(1) Toutefois, quand il s'agit de condamnations correctionnelles soit en matière politique, soit pour coups et blessures, prononcées par une cour d'assises en atténuation de la pénalité inscrite au Code, l'incapacité n'a pas lieu si la cour n'a expressément prononcé l'interdiction du droit d'élire. (Art. 5, dernier paragraphe.)

Délivrance gratuite d'actes de naissance.

L'article 13 prescrit de délivrer gratuitement à tout requérant les actes de naissance nécessaires pour établir l'âge des électeurs; mais, afin que ces actes ne puissent être employés pour aucun autre usage, ils devront porter en titre l'énonciation de leur destination spéciale, par exemple : *Délivré pour servir à l'inscription sur une liste électorale.* Veuillez prendre soin d'adresser des instructions sur ce point aux maires de votre département.

Forme de la liste.

Suivant l'article 2, la liste doit être dressée par ordre alphabétique. Il va sans dire que, dans les villes comprenant plusieurs cantons, il doit être formé autant de listes différentes qu'il y a de cantons.

Publication de la liste.

Le jour fixé pour la publication (c'est-à-dire le 1er avril, treizième jour après la promulgation de la loi électorale), la liste sera déposée au secrétariat de la mairie, et des affiches apposées aux lieux accoutumés donneront avis de ce dépôt et feront connaitre que, dans les dix jours, tout citoyen omis sur la liste pourra réclamer son inscription, et que tout électeur inscrit sur une des listes du département pourra réclamer la radiation ou l'inscription de tout individu indûment inscrit ou indûment omis.

On suivra, pour la publication et la communication de la liste, les indications contenues dans la circulaire du 12 mars 1848 (1).

Envoi au sous-préfet de la liste électorale et d'un procès-verbal de l'accomplissement des formalités prescrites.

En même temps que la liste sera déposée à la mairie, le maire dressera un procès-verbal constatant que les formalités prescrites ont été observées, et il transmettra immédiatement au sous-préfet copie de ce procès-verbal ainsi que de la liste électorale (art. 5.)

(1) Extrait de la circulaire du 12 mars 1848 :

« Il pourra, dans les grandes villes, être tiré, au moyen de l'autographie, plusieurs exemplaires de la liste des électeurs ; et, dans ce cas, il en serait placé à la porte d la mairie, indépendamment de ceux qui seraient déposés dans les bureaux.

« Dans les communes rurales où il n'y a pas d'heures habituelles d'ouverture du local de la mairie, le maire devra indiquer les heures entre lesquelles les citoyens pourront prendre, pendant *dix jours*, communication de la liste.

« Si la demeure du maire ou le local de la mairie est éloigné du centre de la commune, il sera bon de déposer un double de la liste, soit chez l'instituteur, soit en tout autre local plus central où elle pourra être consultée à des heures déterminées. Mais les réclamations devront toujours être adressées au maire. »

Indépendamment de la minute de la liste électorale qui restera déposée à la mairie, et de la copie qui sera transmise au sous-préfet, le maire devra, cette année, pour l'exécution de l'article 18, en faire un extrait contenant seulement. les électeurs de sa commune qui sont en activité de service militaire et les inscrits maritimes également au service de la flotte ou des ports et arsenaux (1).

Ces extraits contiendront, pour les citoyens faisant partie des contingents annuels, l'indication de la classe à laquelle ils appartiennent et leur numéro de tirage. Pour les engagés volontaires, on y indiquera le corps dans lequel l'engagement a eu lieu.

Registre des réclamations.

Dans les derniers jours qui précéderont la publication prescrite par l'art. 2, chaque maire devra dresser un registre (ou autant de registres que la ville a de cantons) pour inscrire les réclamations présentées en vertu de l'art. 7. Elles y seront inscrites par ordre de date.

Il serait utile, à l'égard des communes rurales, de transmettre aux maires l'indication des titres de colonnes de ce registre (2) et du modèle de récépissé que la loi prescrit de délivrer à chaque réclamant.

La demande doit nécessairement être formée par écrit et contenir, quand il s'agit de radiation, l'énoncé des motifs sur lesquels elle est fondée.

Réclamation des tiers.

Le paragraphe 2 de l'art. 7 attribue le droit de demander une radiation ou même une inscription à *tout électeur inscrit sur une des listes du département*. Pour assurer l'accomplissement de cette prescription, il faudra que le tiers réclamant joigne à sa demande un certificat du maire de sa commune constatant qu'il est inscrit comme électeur.

L'art. 8 charge le maire d'avertir l'électeur dont l'inscription est contestée, pour qu'il ait à présenter ses observations. Cet avertissement devra être donné sans frais et contenir l'indication sommaire des motifs de la demande en radiation.

Il n'est rien prescrit de semblable quand il s'agit d'une demande en *inscription*. Cependant il conviendra que le maire avertisse, soit par écrit, soit verbalement, l'habitant de sa commune dont un tiers réclame l'inscription, afin

(1) Ce n'est que cette année, et à raison de la brièveté du délai entre la clôture définitive des listes et l'époque des élections, qu'il doit être procédé à la formation de ces extraits lors de la publication de la liste électorale dressée par le maire. Pour les années suivantes, ce travail n'est prescrit qu'après la révision contentieuse et lors de la clôture mentionnée en l'article 15.

(2) Il suffirait d'indiquer dans cinq colonnes la date de la réclamation, le nom du réclamant, le nom de la personne qui fait l'objet de la réclamation, la nature de cette réclamation (*inscription* ou *radiation*), et celle de la décision (*admission* ou *rejet*).

qu'il puisse faire connaître, s'il y a lieu, les motifs d'empêchement qui pourraient s'opposer à ce qu'il dût être inscrit comme électeur dans la commune.

Commission du conseil municipal chargée de juger les réclamations.

Dans les derniers jours qui précéderont la publication de la liste, le conseil municipal sera réuni par le maire pour procéder à l'élection de deux de ses membres qui formeront, avec le maire, la commission chargée de juger les réclamations (art. 8, paragraphe 2). Le choix peut porter sur des conseillers exerçant les fonctions d'adjoint.

Le maire présidera cette commission ; mais il n'y aura que sa voix, et les décisions seront prises à la majorité des suffrages.

Elle devra commencer à s'occuper des réclamations aussitôt qu'elle en aura reçu, et statuera dans le délai de cinq jours au plus à dater de leur réception.

Les dernières réclamations pouvant être formées le 10 avril, la commission aura terminé son travail le 15 du même mois.

Ses décisions seront notifiées dans les trois jours de leur date (art. 9, paragraphe 1er), c'est-à-dire, au plus tard, le 18 avril. Les notifications seront faites par un *agent assermenté*. Ce sera, en général, un gendarme ou un garde champêtre.

Appel devant le juge de paix.

L'art. 9, paragraphe 2, et les art. 10, 11 et 12, concernent l'appel qui pourra être porté devant le juge de paix du canton. Je n'ai point à m'occuper de cette matière dans les instructions que je transmets à l'autorité administrative.

L'art. 14 concerne la notification des décisions du juge de paix tant au maire qu'au préfet ; mais cette dernière formalité se rapporte à la clôture des listes, qui fera l'objet d'instructions ultérieures. Je me bornerai à faire observer ici que les termes des divers délais fixés par ces articles sont :

Le 23 avril pour l'appel.

Le 3 mai pour la décision du juge de paix.

Le 6 mai pour la notification de ces décisions.

Opérations attribuées aux sous-préfets et aux préfets.

Après avoir exposé les travaux qui doivent être faits dans les communes depuis la promulgation de la loi, concernant la confection et la publication de la liste électorale, la réception et le jugement des réclamations portées devant la commission du conseil municipal, je dois, monsieur le préfet, vous entretenir des prescriptions dont l'exécution est directement confiée aux sous-préfets et aux préfets par la loi du 15 de ce mois.

Lorsque le sous-préfet de chaque arrondissement aura reçu les listes des communes, avec les procès-verbaux des formalités observées et les extraits contenant les noms des électeurs militaires et marins, il devra les examiner, et, dans les deux jours de la réception de ces pièces, vous les transmettre avec les observations qu'il croirait devoir joindre aux listes qui présenteraient de graves irrégularités.

Lorsque vous aurez reçu ces listes, vous les examinerez avec soin dans un délai de deux jours (art. 6). Si vous pensez que les formalités n'aient pas été observées, vous soumettrez les listes, ainsi dressées irrégulièrement, au conseil de préfecture (même article).

Formation et envoi des extraits de listes contenant les électeurs militaires et marins.

Vous examinerez aussi les extraits contenant les noms des électeurs militaires et marins (art. 18.) Vous vous concerterez avec l'intendant et le sous-intendant militaire et avec le commissaire de marine, s'il en existe un dans votre département, pour réviser, et, au besoin, rectifier les indications relatives aux corps dont ces électeurs font actuellement partie. Vous dresserez, en conséquence, les extraits des listes électorales des communes mentionnées à l'art. 18. Vous les enverrez sans délai au fonctionnaire de l'intendance militaire chargé de ce service dans votre département, s'il s'agit de citoyens appartenant à l'armée de terre (1), pour que ce fonctionnaire transmette aux chefs des différents corps ou aux conseils d'administration (art. 17) les états contenant respectivement les électeurs qui appartiennent à chaque corps. Quant aux extraits contenant les noms des citoyens qui appartiennent à la flotte ou aux services des ports, vous les adresserez aux commissaires de marine, s'il en existe dans votre département, et, s'il n'y en a point, à M. le ministre de la marine qui en fera la transmission.

Annulation de listes par le conseil de préfecture.

Le conseil de préfecture, saisi des observations que vous lui aurez communiquées, en vertu de l'article 6, § 1er, devra, dans les trois jours, statuer sur la teneur des listes que vous lui aurez déférées.

Ces observations et les décisions du conseil de préfecture ne devront porter que sur l'ensemble ou sur certaines parties d'une liste, et non sur telles ou telles inscriptions individuelles, lesquelles ne sont susceptibles d'être contestées en appel que devant la commission municipale et devant le juge de paix.

Délai pour la confection d'une nouvelle liste.

Si le conseil de préfecture annule les opérations de la confection de la liste électorale dressée par le maire d'une commune, il ordonnera que cette liste soit refaite, et fixera les délais des nouvelles opérations (art. 6, § 1er). Les motifs énoncés dans l'arrêté du conseil de préfecture et les explications que vous pourrez y joindre indiqueront au maire la nature des rectifications qu'il devra y apporter.

Le conseil de préfecture pourra (même ar-

(1) Quant aux militaires qui n'appartiennent point à un corps, l'intendant devra adresser au ministre de la guerre les extraits individuels qui les concernent.

ticle, paragraphe 2) abréger la durée des opérations, afin que l'époque où elles se termineront corresponde avec le terme de la révision contentieuse des listes qui n'auront pas été recommencées.

A cet effet, il pourra (art. 6, § 2) :

1o Réduire à *cinq jours* le délai pendant lequel les citoyens devront prendre connaissance de la liste et former leurs réclamations ;

2o Supprimer l'examen de la commission municipale et ordonner que les réclamations seront portées directement devant le juge de paix ;

3o Fixer à *trois jours*, à partir de la date des réclamations, le délai dans lequel elles seront portées devant le juge de paix.

Cette abréviation de certains délais pour la révision des listes qui devront être recommencées en vertu de l'art. 6 permettra (pourvu que le conseil de préfecture réduise également celui dans lequel le maire devra refaire la liste électorale), permettra, dis-je, que la clôture de ces listes recommencées coïncide avec le terme extrême de la clôture de celles qui n'auront pas été frappées d'annulation, c'est-à-dire avec le cinquantième jour, à partir de la promulgation de la loi.

En effet, voici quelle serait la durée des diverses opérations :

Tableau des délais pour les opérations relatives aux listes qui devront être recommencées.

Délai pour la publication de la liste, en vertu de l'art. 1er......................	12 jours.
Confection des listes dans toutes les communes......................	10
Envoi au sous-préfet.............	1
Examen par le sous-préfet,......	2
Envoi au préfet................	1
Examen par le préfet...........	2
Délai imparti au conseil de préfecture pour statuer sur les listes qui lui sont déférées (art. 6)......	3
	31
Notification de l'arrêté du conseil de préfecture......................	3
Délai *nécessaire* pour que le maire puisse refaire la liste annulée, délai qui peut être fixé à *cinq jours* (attendu que le travail déjà fait pourra servir en partie (1).....	5
Délai accordé pour consulter la nouvelle liste et former les réclamations (art. 6, § 2).............	5
Délai pour porter les réclamations devant le juge de paix (art. 6, § 2).........................	3
Délai pour que le juge de paix rende ses décisions et les notifie...	3
Total........	50

Je crois devoir en ce moment, monsieur le

(1) Le maire pourra, dans ce second travail de confection de la liste, se faire assister de la commission de révision formée par le conseil municipal (art. 5).

préfet, borner aux explications et aux développements qui précèdent les instructions qu'il est nécessaire de vous adresser, et que vous communiquerez aux maires de votre département. Je vous en adresserai d'autres, ultérieurement, concernant les changements que les décisions mentionnées aux art. 8 et 10 apporteront aux listes d'électeurs, la clôture de ces listes, les opérations préparatoires pour la réunion des assemblées électorales et la tenue de ces assemblées.

Je vous invite à transmettre immédiatement à MM. les maires extrait de la présente circulaire, particulièrement en ce qui concerne la publication de la liste des électeurs dans le délai prescrit par l'art. 1er, et l'envoi des listes et procès-verbaux qui devra être fait au sous-préfet à la même époque.

Recevez, monsieur le préfet, l'assurance de ma considération très-distinguée.

Le ministre de l'intérieur,
Léon FAUCHER.

APERÇUS BIOGRAPHIQUES

sur

Les 900 Membres de l'Assemblée constituante.

AIN (9 REPRÉSENTANTS).

BODIN (Alex.-Marcel-Melchior), âgé de 60 ans, propriétaire; nommé par 40,929 voix.—Membre du comité de l'agr. et du crédit fonc.

BOCHARD, né à Marboz (Ain) le 20 janvier 1779, avocat à Bourg. (74,162 v.)—Membre du comité de l'admin. départ. et commun.

CHARASSIN, avocat, né à Bourg le 20 fructidor an x. (56,983 v.)—Membre du comité de l'administr. départem. et communale.

FRANCISQUE BOUVET (François-Joseph), né à Vieux d'Izenave (Ain) le 25 avril 1799; homme de lettres, auteur de plusieurs livres et brochures politiques. fondateur du journal le *Réveil de l'Ain* (48,321 v.); il a prononcé plusieurs discours sur des questions de politique extérieure.—Membre du com. des aff. étr.

GUIGUE DE CHAMPVANS, né à Champvans (Jura) le 22 décembre 1813; ancien rédacteur du *Bien public* de Mâcon; commissaire de la République à Bourg (40,863 v.). — Membre du comité des affaires étrangères.

MAISSIAT (Jacques), médecin, né à Nantua en 1805. (37,220 v.)—Membre du comité de l'instruction publique.

QUINET (Edgar), âgé de 45 ans, né à Bourg; homme de lettres, auteur de plusieurs grands ouvrages; prof. au Collége de France; colonel de la 11e légion de la garde nat. de Paris. (55,268 v.)—Membre du comité des affaires étrangères.

REGEMBAL (Antoine), sculpteur, né à Bourg le 5 vendémiaire an IV. (69,882 v.)—Membre du comité du travail.

TENDRET, âgé de 50 ans, avocat à Belley (40,263 v.); a prononcé plusieurs discours. — Membre du com. de l'adm. dép. et comm.

AISNE (14 REPRÉSENTANTS).

BARROT (Odilon), né en 1787, avocat; préfet de la Seine en 1830; a pris une part active à toutes les discussions politiques depuis 1831; aujourd'hui ministre de la justice, président du conseil. (107,005 v.)—Membre du comité de la justice.

BAUCHART (Quentin), né en 1810, avocat; membre du conseil gén. de l'Aisne; rédacteur du rapport de la Commission d'enquête sur les affaires de mai et de juin. (65,105 v.) — Com. de la just.

BAUDELOT, né à Hirson (Aisne) en 1804; président du tribunal de Vervins. (115,339 v.)—Membre du comité de législation.

DE BROTONNE, né en 1789, propriét. (48,983 v.), ancien député. — Com. de l'agr.

DESABES, né en 1784, ancien notaire; poëte lauréat de l'Académie; membre du cons. gén. de l'Aisne; ancien député. (53,635 v.)—Membre du comité des finances.

DUFOUR (Théophile), âgé de 38 ans, fondateur de plusieurs écoles gratuites et salles d'asile. (81,810 v.) — Comité de l'instr. publ.

	REJET. 338 voix pour 428 voix contre. Proposit. sur les concordats amiables, art. 4.	REJET. 187 voix pour 596 voix contre. Droit au travail.	ADOPTION. 644 voix pour 96 voix contre. Amendement contre l'impôt progressif.	REJET. 289 voix pour 530 voix contre. Question des deux chambres.	REJET. 271 voix pour 528 voix contre. Vote à la commune.	REJET. 158 voix pour 643 voix contre. Question de la Présidence. Amend. Grévy.	REJET. 210 voix pour 578 voix contre. Crédit foncier.	REJET. 140 voix pour 653 voix contre. Suppression du remplac. milit.	ADOPTION. 403 voix pour 178 voix contre. Décret qui fixe à dix les lois organiq.	ADOPTION. 470 voix pour 337 voix contre. Proposition Rateau-Lanjuin. sur la dissolution.	ADOPTION. 403 voix pour 360 voix contre. Diminution de l'impôt du sel.	ADOPTION. 404 voix pour 303 voix contre. Loi sur les Clubs Ensemble de l'article 4.
BODIN	Pour	Contre	Pour	Pour	Pour	Contre	Contre	Contre	Contre	Pour	Contre	Pour
BOCHARD	Pour	Pour	Pour	Contre	Pour	Pour	Contre	Contre	Absent	ab.p.c.	Pour	Contre
CHARASSIN	Contre	Contre	Pour	Contre	Pour	Contre	Contre	Contre	ab.p.c.	Pour	Contre	Pour
FRANCISQUE BOUVET	Pour	Pour	ab.p.c.	Contre	Contre	Absent	Absent	Contre	Absent	Contre	Pour	Contre
GUIGUE DE CHAMPVANS	Contre	Contre	Pour	Contre	Pour	Contre	Contre	Contre	Contre	Pour	Contre	Pour
MAISSIAT	Contre	Contre	Pour	Pour	Pour	Contre	Contre	Contre	Contre	Pour	Contre	Pour
QUINET	Absent	Pour	Pour	Contre	Contre	Pour	Contre	Pour	Pour	Contre	Pour	Contre
REGEMBAL	Pour	Pour	Pour	Contre	Contre	Absent	ab.p.c.	Contre	Pour	Contre	Pour	Contre
TENDRET	Contre	Contre	Absent	Pour	Pour	Contre	Contre	Contre	Contre	Pour	Contre	Pour
BARROT	Contre	Contre	Pour	Pour	Contre	Contre	Absent	Contre	Absent	Pour	Contre	Pour
BAUCHART	Absent	Contre	Absent	Pour	Pour	Contre	Contre	Contre	Pour	Pour	Contre	Pour
BAUDELOT	Contre	Contre	Pour	Contre	Contre	Contre	Contre	Contre	Contre	Pour	Contre	Pour
DE BROTONNE	Pour	Contre	Pour	Pour	Pour	Contre	Contre	Contre	Contre	Pour	Contre	Pour
DESABES	Absent	Contre	Absent	Pour	Contre	Contre	Contre	Contre	ab.p.c.	Pour	Contre	Pour
DUFOUR	Contre	Contre	Pour	Contre	Contre	Contre	Contre	Pour	Pour	Contre	Contre	Contre

— 24 —

LEMAIRE (Maxime), né en 1790, cultivateur; membre du conseil général de l'Aisne. (77,620 v.)—Membre du com. des trav. publ.

LEPROUX (Jules), né en 1807, propriétaire; anc. magist.; ex-détenu polit.; memb du cons. gén. de l'Aisne. (52,683 v.)—Com. de l'int.

LHERBETTE, né en 1791; anc. dép.; a pris part à toutes les discussions politiques depuis 1831. (124,892 v.)—Comité de l'intérieur.

NACHET, né à Paris le 20 juillet 1809; avocat gén. à la Cour de cass.; auteur de plusieurs ouvrages scientifiques et littér. (95,202 v)— Comité de la justice.

PLOCQ (Toussaint), né le 2 janv. 1796; avocat à Soissons. (68,068 v.)— Comité de l'administration départementale et communale.

QUINETTE, né en 1801; maire de Soissons; décoré de juillet; ancien député. (123,394 v.) — Comité de l'administration dép. et com.

DE TILLANCOURT (Edmond), âgé de 38 ans, né à Montfaucon (Aisne); m. du cons. gén. de l'Aisne; ancien avocat; auteur d'une proposition sur la taxe de la viande.(80,440 v.) — Com. du trav.

VIVIEN, né en 1799; ancien v. présid. du conseil d'État; ministre au 1er mars 1840 et en 1848; rapp. du règlement de l'Ass. nat.; a pris une part active à la discuss. de la constitution et à toutes les discussions politiques. (88,215 v) — Comité des cultes.

ALLIER (8 REPRÉSENTANTS).

BUREAUX DE PUZY, né à Paris en 1799; ancien capitaine du génie; ex-préfet; ancien député; a pris part aux discussions de comptes et de finances; l'un des questeurs de l'assemblée nat. (66,880 v.) — Membre du comité des travaux publics.

DE COURTAIS, né en 1780; ex-commandant sup. des gardes nation. de la Seine; ancien député; ex-chef d'escadron dans l'armée; emprisonné, accusé et acquitté à l'occasion de l'envahissement du 15 mai (71,368 v.)

FARGIN FAYOLLE, né à Montluçon en 1810. (47,418 v.) — Com. de l'Algérie et des colonies.

LAUSSEDAT (Louis), né en 1809 à Moulins, médecin; rédacteur du *Patriote de l'Allier*; il a pris plusieurs fois la parole pendant la session de 1848. (47,932 v.) — Comité de l'instruction publique.

MADET (Charles), né en 1805, agriculteur à Ygrande; plusieurs fois condamné polit. depuis 1830.(47,895 v.) — Com. de l'Algérie et des colonies.

MATHÉ (Félix), prop., né en 1808; ex-détenu polit.; ex-commiss. du gouvern. (51,089 v.) — Comité des affaires étrangères.

TERRIER (Barthélemy), né à Monteguh en 1805, médecin; condamné en 1834 et en 1834 pour délits politiques. (52,939 v.) — Comité de l'instruction publique.

TOURRET (Charles-Gilbert), né à Montmaréault le 22 déc. 1795; ex-député; ancien élève de l'École polytechnique; membre du cons. gén. de l'Allier; vice-présid. du cons. d'agriculture de Paris; a pris part aux discussions relatives aux questions d'agriculture; ministre du comm. et de l'agr. en 1848 (70,351 v.) — C. du tra.

Proposit. sur les concordats amiables, art. 4.	Droit au travail.	Amendement contre l'impôt progressif.	Question des deux chambres.	Vote à la commune.	Question de la Présidence. Amend. Grévy.	Crédit foncier.	Suppression du remplac. milit.	Décret qui fixe à dix les lois organiq.	Proposition Rateau-Lanjuin. sur la dissolution.	Diminution de l'impôt du sel.	Loi sur les Clubs. Ensemble de l'article 4.
Conre	Contre	Pour	Contre	Absent	Contre	Contre	Contre	Pour	Pour	Pour	Pour
Pour	Contre	Pour	Contre	Contre	Contre	Contre	Contre	Pour	Pour	Contre	Pour
Contre	Contre	Pour	Pour	Pour	Contre	Contre	Contre	Absent	Pour	Absent	Pour
Contre	Contre	Pour	Pour	Contre	Contre	Absent	Contre	Pour	Absent	Contre	Contre
Contre	Contre	Pour	Contre	Contre	Contre	Contre	Contre	ab.p.c.	Absent	Contre	ab.p.c.
Absent	ab.p.c.	ab.p.c.	ab.p.c.	ab.p.c.	ab.p.c.	ab.p.c.	ab.p.c.	ab p.c.	ab.p.c.	ab.p.c.	ab.p.c.
Pour	Contre	Pour	Contre	Contre	Contre	Contre	Contre	Absent	Pour	Contre	Contre
Contre	Contre	Pour	Pour	Contre	Contre	Contre	Contre	Pour	Pour	Contre	Pour
Absent	Contre	Pour	Pour		Contre	Contre	Contre	Absent	Contre	Contre	Absent
Absent	Absent	Absent	Absent	Absent	Absent	Absent	Absent	Absent	Absent	Absent	Absent
Pour	Pour	Absent	Contre	Contre	Pour	Pour	Pour	Pour	Contre	Pour	Absent
Pour	Pour	Absent	Contre	Contre	Pour	Pour	Pour	Pour	Contre	Pour	Contre
Pour	Pour	Contre	Contre	Contre	Pour	Pour	Pour	ab.p.c.	Contre	Pour	Absent
Pour	Pour	Contre	Contre	Absent	Pour	Pour	Pour	Absent	Contre	Absent	ab p.c.
Pour	Pour	Contre	Contre	Contre	Pour	Pour	Pour	Absent	Contre	Pour	Absent
Contre	Contre	Pour	Contre	Contre	Contre	Contre	Contre	Pour	Absent	Contre	Contre

BASSES-ALPES (4 REPRÉSENTANTS).

CHAIS (Auguste), âgé de 50 ans; ex-procur. gén. à Alger et à Bastia; président honoraire de la cour d'appel de Lyon. (16,400 v.) — Comité de législation.

DUCHAFFAULT, âgé de 50 ans; ex-conseiller de préf. (16,000 v.) — Comité de l'intérieur.

PORTOUL. — Comité de l'instruction publique.

LAIDET, général de div. en ret., né en 1784; l'un des 221 de 1829; deux fois questeur de l'ancienne ch. (19,000 v.) — Com. de la guerre.

HAUTES-ALPES (3 REPRÉSENTANTS).

ALLIER, statuaire; ancien capitaine sous l'empire; ancien député. — Comité de l'intérieur.

BELLEGARDE, cultivateur, né en 1808. — Comité des trav. publics.

FAURE (Pascal-Joseph), né à Reculson le 3 mars 1798, avocat; memb. du cons. gén. de l'Isère; anc. dép.; a pris part à un grand nombre de discussions politiques. — Comité de législation.

ARDÈCHE (9 REPRÉSENTANTS).

CHAMPANHET, né au Pont d'Aubenas le 26 nov. 1795, maire d'Aubenas depuis 25 ans; ancien député. — Com. de l'administration départementale et communale.

CHAZALLON, né le 17 niv. an X à Desaignes, ingénieur hydrographe de la marine; auteur de plusieurs mémoires scientifiques et de l'*Annuaire des marées*. — Comité de la marine.

DAUTHEVILLE (François), né le 8 mars 1792 à Chaleunou, colonel du 3e régiment du génie; 41 ans de service, 13 campagnes. — Comité de la guerre.

LAURENT, né le 4 sept. 1793 à Saint-Andriol, avocat; auteur d'un grand nombre d'ouvrages tant politiques que littéraires et historiques; ancien rédacteur du *Progressif du Gard*; a pris une part très-active à presque toutes les discussions de la session et présenté plusieurs propositions. — Comité des travaux publics.

MATHIEU, né en 1795; président du tribunal civil de Largentière; député depuis 1838. — Comité de législation.

ROUVEURE, âgé de 50 ans, né d'une famille d'ouvriers mégissiers; a pris part aux discussions sur les quest. du trav. — Com. du trav.

ROYOL (Jean), né à Tournon le 14 mars 1796; ex-avocat; président du trib. civ. de Tournon. — Comité du législation.

SIBOUR, né en 1800; ecclésiastique. — Comité de l'instruction publ.

VALLADIER aîné, né à Vallon le 20 nov. 1798; avocat; maire de Vallon; membre du cons. gén.; président du com. agric. de Largentière; s'occupe de quest. d'agr. — Com. d'adm dép. et comm.

ARDENNES (8 REPRÉSENTANTS).

BLANCHARD, avocat et maire de Sedan. (40,706 v.) — Comité du commerce et de l'industrie.

	Proposit. sur les concordats amiables, art. 4.	Droit au travail.	Amendement contre l'impôt progressif.	Question des deux chambres.	Vote à la commune.	Question de la Présidence. Amend. Grévy.	Crédit foncier.	Suppression du remplac. milit.	Décret qui fixe à dix les lois organiq.	Proposition Rateau-Lanjuin. sur la dissolution.	Diminution de l'impôt du sel.	Loi sur les Clubs. Ensemble de l'article 1.
CHAIS	Absent	Contre	Pour	Pour	Contre	Contre	Contre	Contre	Absent	Pour	Absent	Pour
DUCHAFFAULT	Contre	Contre	Pour	Pour	Contre	Contre	Contre	Contre	Pour	Pour Pour	Contre	Pour Pour
LAIDET	Pour	Pour	Contre	Contre	Absent	Pour	Pour	Contre	Pour	Absent	Pour	Contre
ALLIER	Contre	Contre	Pour	Pour	Contre	Contre	Contre	Contre	Pour	Pour	Absent	Pour
BELLEGARDE	Contre	Contre	Pour	Contre	Contre	Contre	Contre	Contre	Pour	Pour	Absent	Pour
FAURE	Contre	Contre	Absent	Contre	Contre	Contre	Contre	Contre	ab.p.e.	Pour	Pour	Pour
CHAMPANHET	Contre	Contre	Pour	Pour	Pour	Contre	Contre	Contre	Contre	Pour	Contre	Pour
CHAZALLON	Absent	Contre	Pour	Contre	Pour	Pour	Contre	Contre	Contre	Absent	Contre	Contre
DAUTHEVILLE	Contre	Contre	Pour	Contre	Pour	Contre	Absent	Contre	Pour	Pour	Contre	Pour
LAURENT	Absent	Pour	Absent	Contre	Contre	Pour	Pour	Pour	Pour	Contre	Pour	Contre
MATHIEU	Absent	Contre	Pour	Contre	Pour	Contre	Contre	Contre	ab.p.e.	Pour	Contre	Pour
ROUVEURE	Contre	Contre	Pour	Pour	Pour	Contre	Contre	Contre	Contre	ab.p.e.	Contre	Pour
ROYOL	Contre	Contre	Pour	Pour	Pour	Contre	Contre	Contre	ab.p.e.	Pour	Contre	Pour
SIBOUR	Pour	Pour	Pour	Contre	Pour	Contre	Absent	Contre	Absent	Pour	Absent	Pour
VALLADIER	Contre	Contre	Pour	Contre	Pour	Contre	Contre	Contre	ab.p.e.	Pour	Contre	Pour
BLANCHARD	Pour	Absent	Contre	Contre	Contre	Pour	Pour	Pour	Pour	Contre	Pour	Contre

DRAPPIER, né à Houard le 15 fév. 1811, notaire à Sedan; membre du cons. gén. des Ardennes. (29,005 v.) — Com. de l'administration départementale et communale.

PAYER, né à Asfeld le 3 fév. 1818; profess. à la Sorbonne et à l'école normale; ex-chef du cabinet du ministère des aff. étrang. sous M. de Lamartine; a pris plusieurs fois la parole dans des questions importantes. (16,646 v.) — Comité des affaires étrangères.

ROBERT (Léon), âgé de 34 ans, propriétaire; élu second secrétaire de l'Assemblée nation. depuis le 5 mai. (21,914 v.) — Comité de l'Algérie et du crédit foncier.

TALON, né à Valenciennes le 8 juill. 1810; ancien officier d'artillerie, aujourd'hui agriculteur. (49,375 v.) — Comité de l'agriculture et du crédit foncier.

TERNAUX-MORTIMER, né en 1808; ancien maître des requêtes; ancien membre du cons. gén. de la Seine; ancien député; il a souvent occupé la tribune et fait partie des commissions nommées par les bureaux. (37,366 v.) — Comité des finances.

TOUPET-DESVIGNES, né à Givet. (29,655 v.) — Secrétaire du com. de l'Algérie et des colonies.

TRANCHART, né à Vouziers; président du trib. civil de Vouziers. (25,365 v.) — Comité de législation.

ARIÉGE (7 REPRÉSENTANTS).

ANGLADE (Clément), né à Urs en 1801, avocat; député en 1833 et 1834; a occupé plusieurs fois la tribune. (43,971 v.) — Comité de législation.

ARNAUD, âgé de 31 ans; homme de lettres; a pris la parole plusieurs fois sur des questions importantes dans la discussion de la constitution. (29,515 v.) — Vice président du comité des cultes.

CASSE, né à Marseille en 1791; ancien officier de génie, s'est retiré pour s'occuper d'agriculture. (22,289 v.) — Comité de la guerre.

DARNAUD, né en 1798; conseiller à la cour d'appel de Toulouse. (33,201 v.) — Comité de l'intérieur.

GALY-CAZALAT, né à Saint-Girons le 6 juillet 1799; ex-professeur des sciences physiques-mathématiques au lycée de Versailles; plus tard, ingénieur civil; il a fait plusieurs inventions; il a pris plusieurs fois la parole et a publié un long rapport sur les journées de juin. (15,907 v.) — Comité de la marine.

VIGNES (Th.), né à Pamiers en 1812, avocat; ex-sous commiss. de la Répub. à Pamiers. (21,313 v.) — Com. de l'agr. et du créd. fonc.

XAVIER-DURRIEU, né en 1808 à Castillon; homme de lettres; ex-rédacteur en chef du *Courrier Français*; a traité à la tribune quelques questions de politique extérieure. (32,253 v.) — Comité des affaires étrangères.

AUBE (7 REPRÉSENTANTS).

BLAVOYER, né à Troyes le 28 janvier 1815, agronome. (26,674 v.) — Comité de l'agriculture et du crédit foncier.

DELAPORTE, né à Troyes en 1796, ancien pharmacien; membre du conseil général de l'Aube. (33,524 v.) — Comité des finances.

	Proposit. sur les concordats amiables, art. 4.	Droit au travail.	Amendement contre l'impôt progressif.	Question des deux chambres.	Vote à la commune.	Question de la Présidence. Amend. Grévy.	Crédit foncier.	Suppression du remplac. milit.	Décret qui fixe à dix les lois organiq.	Proposition Rateau-Lanjuin. sur la dissolution	Diminution de l'impôt du sel.	Loi sur les Clubs. Ensemble de l'article 4.
DRAPPIER	Pour	Contre	Contre	Contre	Pour	Contre	Contre	Contre	Pour	Pour	Pour	Pour
PAYER	Pour	Contre	Pour	Contre	Contre	Contre	Contre	Contre	Pour	Pour	Pour	Pour
ROBERT	Pour	Pour	Absent	Contre	Contre	Pour	Pour	Contre	Pour	Contre	Pour	Contre
TALON	Contre	Contre	Pour	Pour	Pour	Contre	Absent	Contre	ab.p.c.	Pour	Contre	Pour
TERNAUX-MORTIMER	Contre	Contre	Pour	Pour	Contre	Contre	Contre	Contre	Absent	Pour	Contre	Pour
TOUPET-DESVIGNES	Contre	Contre	Pour	Contre	Pour	Contre	Contre	Contre	ab.p.c.	Pour	Contre	Pour
TRANCHART	Pour	Contre	Pour	Pour	Contre	Contre	Contre	Contre	Pour	Pour	Contre	Pour
ANGLADE	Pour	Pour	Contre	Contre	Contre	Pour	Pour	Pour	Pour	Contre	Pour	Contre
ARNAUD	Pour	Pour	Pour	Contre	Contre	Contre	Contre	Pour	Pour	Contre	Pour	Contre
CASSE	Contre	Contre	Pour	Contre	Contre	Contre	Absent	Contre	Pour	Pour	Pour	Pour
DARNAUD	Absent	Contre	Pour	Pour	Contre	Contre	Contre	Contre	Pour	Pour	Pour	Pour
GALY-CAZALAT	Pour	Contre	Pour	Contre	Contre	Contre	Pour	Pour	Absent	Absent	Pour	Absent
VIGNES	Pour	Pour	Contre	Contre	Contre	Contre	Pour	Contre	Pour	Contre	Pour	Contre
XAVIER-DURRIEU	Pour	Absent	Absent	Contre	Contre	Contre	Pour	Absent	Pour	Contre	Pour	ab.p.c.
BLAVOYER	Contre	Contre	Pour	Pour	Pour	Contre	Contre	Contre	Contre	Pour	Absent	Pour
DELAPORTE	Pour	Contre	Pour	Contre	Contre	Contre	Contre	Contre	Pour	Contre	Contre	Contre

GAYOT (Amédée), né à Troyes le 2 juillet 1806 ; membre de la société d'agriculture. (43,122 v.) — Comité du commerce et de l'ind.

GERDY (Pierre-Nicolas), né à Loches en 1797 ; profess. à la faculté de médecine à Paris ; a pris plusieurs fois la parole, notamment dans la discussion de la constitution. (30,994 v.) — Comité de l'instruction publique.

LIGNIER, né à Pougy en 1805 ; ancien avocat ; a pris part à plusieurs discussions. (61,484 v.) — Com. de l'admin. dép. et comm.

MILLARD (Jean-Auguste), né à Troyes le 1er janvier 1802 ; ancien négociant. (46,368 v.) — Comité de l'instruction publique.

STOURM, né en 1797 ; ancien magistrat ; membre du conseil gén. de l'Aube ; député depuis 1837 ; il a pris la parole dans la plupart des discussions et notamment sur toutes les questions de budget. (42,294 v.) — Président du comité des travaux publics.

AUDE (7 REPRÉSENTANTS).

ANDUZE-FARIS, né à Chalabre en 1799 ; manufacturier ; membre du cons. gén. de l'Aube. (30,918 v.) — Com. des trav. pub.

BARBÈS (Armand), né à la Pointe-à-Pitre (île de la Guadeloupe) en 1810, propriétaire ; ex-colonel de la 12e légion de Paris. Ses antécédents politiques et la journée du 15 mai sont trop connus pour qu'il soit besoin d'en parler (36,703 v.)

JOLY fils (Edmond), né à Limoux en 1816 (30,363 v.) — Comité de l'Algérie et des colonies.

RAYNAL (Théodore), né à Narbonne en 1819 ; d'abord journaliste politique ; il est devenu commerçant et a été sous-commissaire du gouv. prov. (39,666 v.) — Com du comm. et de l'industrie.

SARRANS (Jean), né en 1796 ; homme de lettres et journaliste politique, a travaillé successivement au *Commerce*, à la *Nouvelle Minerve*, à la *Semaine* ; il a aussi publié plusieurs volumes d'histoire ; plusieurs fois il a pris la parole sur des questions de politique extérieure dans la session (44,448 v.) — Comité des affaires étrangères.

SOLIER (Marc), né en 1797 Castelnaudary, licencié en droit. (30,541 v.) — Comité de l'instruction publique.

TRINCHANT, né en 1802 à Limoux, avocat à Carcassonne ; ex-commissaire de la Répub.; a pris plusieurs fois la parole.(53,308 v.) — Comité des affaires étrangères.

AVEYRON (10 REPRÉSENTANTS).

ARBAL (Bazile-Joseph), né à Pont de Camaret en 1799 ; après avoir été curé de Gissi pendant 5 ans, il est devenu vicaire général du diocèse de Rhoduz. — Comité de l'agric. et du crédit foncier.

AFFRE (Louis-Henri), né à Saint-Roman de Tarn en 1791 ; ancien procureur du roi et sous-préf. sous la restauration ; avoc. à Rodez. — Comité des cultes.

DALBIS DU SALZE, âgé de 50 ans, propriétaire et ancien magistrat de la restauration. — Comité de l'Algérie et des colonies.

DUBRUEL (Édouard), âgé de 40 ans. — Comité de la justice.

Représentant	Proposit. sur les concordats amiabl., art. 4.	Droit au travail.	Amendement contre l'impôt progressif.	Question des deux chambres.	Vote à la commune.	Question de la Présidence. Amend. Grevy.	Crédit foncier.	Suppression du remplac. milit.	Décret qui fixe à dix les lois organiq.	Proposition Rateau-Lanjuin sur la dissolution.	Diminution de l'impôt du sel.	Loi sur les Clubs. Ensemble de l'article 4.
GAYOT	Pour	Contre	Pour	Contre	Contre	Contre	Contre	Contre	Pour	ab.p.c.	Contre	Pour
GERDY	Contre	Absent	Pour	Pour	Contre	Contre	Contre	Contre	Pour	Pour	Pour	Pour
LIGNIER	Contre	Contre	Pour	Contre	Contre	Contre	Contre	Contre	Pour	Contre	Pour	Contre
MILLARD	Pour	Contre	Pour	Contre	Contre	Contre	Contre	Contre	Pour	Contre	Absent	Contre
STOURM	Pour	Contre	Pour	Contre	Contre	Contre	Contre	Contre	Absent	Pour	Pour	Contre
ANDUZE-FARIS	Contre	Contre	Pour	Contre	Pour	Contre	Contre	Contre	Absent	Absent	Pour	Pour
BARBÈS	Absent	Absent	Absent	Absent	Absent	Absent	Absent	Absent	Absent	Absent	Absent	Absent
JOLY	Pour	Pour	Contre	Contre	Contre	Pour	Pour	Pour	Pour	Contre	Pour	Contre
RAYNAL	Pour	Pour	Pour	Contre	Contre	Pour	Pour	Contre	ab.p.c.	Contre	Pour	Contre
SARRANS	Absent	Absent	Absent	Contre	Contre	Pour	Contre	Contre	Pour	Contre	Pour	Contre
SOLIER	Contre	Contre	Pour	Contre	Contre	Contre	Contre	Contre	Pour	Contre	Pour	Contre
TRINCHANT	Absent	Pour	Pour	Contre	Contre	Contre	Contre	Contre	Pour	Contre	Pour	Absent
ARBAL	Contre	Contre	Pour	Pour	Pour	Contre	Pour	Contre	Contre	Pour	Pour	Pour
AFFRE	Contre	Contre	Pour	Contre	Pour	Contre	Contre	Contre	Contre	Pour	Pour	Pour
DALBIS DU SALZE	Contre	Contre	Pour	Pour	Pour	Contre	Pour	Contre	ab.p.c.	Pour	ab.p.c.	
DUBRUEL	Contre	Contre	Pour	Pour	Pour	Contre	Pour	Contre	Contre	Pour	Contre	Pour

GRANDET, né à Rodez en 1787, ancien avocat; s'est particulièrement appliqué à la théologie et à la philosophie. — Comité des cultes.

MÉDAL, né à Sonnac en 1812; avocat d'abord, puis cultivateur. — Comité de l'intérieur.

PRADIÉ, âgé de 35 ans, not. à Marcillac. — Secrét. du com. des cult.

RODAT, né à Olemps en 1808; ancien substitut du proc. du roi; aujourd'hui avocat à Rodez. — Comité de la justice.

VERNHETTE, né à Montjoie en 1801; anc. magistrat jusqu'en 1830, maintenant avocat à Milhau. — Comité de la justice.

VÉSIN, né à Montrepos en 1803, procureur du roi, révoqué en 1848; a pris plusieurs fois la parole sur des questions de politique, de législation et d'agriculture.— Com. du travail et de l'agriculture et du crédit foncier.

BOUCHES-DU-RHONE (10 REPRÉSENTANTS).

ASTOUIN, né à Marseille en 1808; syndic des portefaix du port de Marseille; a pris deux ou trois fois la parole sur des questions de travail; auteur d'une proposition sur le privilège des ouvriers dans les faillites. (37,528 v.) — Secrétaire du comité du travail.

BARTHÉLEMY, né à Marseille en 1804; a pris la parole sur des questions politiques. (72,084 v.) — Com. de l'Algérie et des colonies.

BERRYER (Pierre-Antoine), né à Paris en 1790, avocat; dép. depuis plus de 20 ans; s'est occupé particulièrement dans la session de 1848 de questions de finances. (44,159 v.) — Comité des financ.

LABOULIE (Gustave), né à Aix en 1800, avocat; ancien magistrat; a souvent défendu des accusés politiques; député en 1834; il a pris souvent la parole, notamment à propos de la loi sur les clubs. (33,051 v.) — Com. des affaires étrangères.

OLLIVIER (Démosthènes), âgé de 35 ans, négociant à Marseille; est monté quelquefois à la tribune, au commencement de la session. (58,706 v.) — Comité du commerce et de l'industrie.

PASCAL (Félix), né en 1813; avocat à Aix; a pris part aux discussions de tribune et surtout aux travaux des commissions. 30,181 v.)— Comité de législation.

POUJOULAT, né à Marseille, âgé de 60 ans; homme de lettres; collaborateur de Michaud pour la publication des mémoires historiques; auteur de plusieurs ouvrages d'histoire; a pris une part active aux travaux intérieurs de l'Ass.— Com. de l'instr. pub.

REY (Alexandre), âgé de 40 ans; poète et homme de lettres; collaborateur du *National*.

REYBAUD (Louis), âgé de 44 ans; hommes de lettres; a travaillé successivement à *la Révolution de 1830*, à *la Tribune*, au *National*, au *Constitutionnel*, auteur des deux *Jérôme Paturot*; député depuis 1846. — Comité du travail.

SAUVAIRE-BARTHÉLEMY, âgé de 46 ans; anc. pair de France; a pris part aux discussions de fin. et d'instr. pub. (37,961 v.)— Comité des finances.

	Proposit. sur les concordats amiables. art. 4.	Droit au travail.	Amendement contre l'impôt progressif.	Question des deux chambres.	Vote à la commune.	Question de la Présidence. Amend. Grévy.	Crédit foncier.	Suppression du remplac. milit.	Décret qui fixe à dix les lois organiq.	Proposition Rateau–Lanjuin. sur la dissolution.	Diminution de l'impôt du sel.	Loi sur les Clubs. Ensemble de l'article t.
GRANDET	Pour	Contre	Pour	Pour	Pour	Contre	Contre	Contre	Contre	Pour	Pour	Pour
MÉDAL	Pour	Pour	Pour	Contre	Contre	Pour	Pour	Pour	Pour	Contre	Pour	Contre
PRADIÉ	Pour	Pour	Absent	Contre	Contre	ab.p.c.	Absent	Pour	Pour	Absent	Pour	Contre
RODAT	Contre	Contre	Pour	Pour	Pour	Contre	Contre	Contre	Contre	Pour	Contre	ab.p.c.
VERNHETTE	Contre	Contre	Pour	Pour	Pour	Contre	Contre	Contre	Contre	Pour	Contre	Pour
VÉSIN	Contre	Contre	Pour	Pour	Pour	Pour	Pour	Contre	Contre	Pour	Contre	Absent
ASTOUIN	Pour	Pour	Pour	Contre	Contre	Pour	Contre	Contre	Pour	Pour	Pour	Contre
BARTHÉLEMY	Pour	Absent	Pour	Contre	Contre	Pour	Pour	Pour	Pour	Contre	Pour	Contre
BERRYER	ab.p.c.	Contre	Absent	ab.p.c.	Absent	Contre	Contre	Contre	Absent	Pour	Contre	Pour
LABOULIE	Pour		Pour	Absent	Pour	Contre	Contre	Contre	Absent	Pour	Contre	Pour
OLLIVIER	Pour	Pour	Contre	Contre	Contre	Pour	Pour	Pour	Pour	Contre	Pour	Contre
PASCAL	Pour	ab.p.c.	ab.p.c.	Contre	Contre	Pour	Pour	Pour	Pour	Contre	Pour	Contre
POUJOULAT	Contre	Contre	Pour	Pour	Pour	Contre	Contre	Contre	Contre	Pour	Pour	Pour
REY	Absent	Absent	Pour	Contre	Contre	Contre	Absent	Contre	Absent	Contre	Pour	Absent
REYBAUD	Absent	Contre	Pour	Pour	Pour	Contre	Contre	Contre	Contre	Pour	Contre	Pour
SAUVAIRE-BARTHÉLEMY	Contre	Contre	Pour	Pour	Pour	Contre	Contre	Contre	Contre	Pour	Contre	Pour

CALVADOS (12 REPRÉSENTANTS).

BELLENCONTRE (Joseph-Pierre-François), né à Falaise en 1785, colonel d'artillerie en retraite; sous-commissaire du gouvern. à Falaise. (85,610 v.) — Comité de la guerre.

BESNARD (Jean-Charles), né à Vire en 1802; agent d'aff. à Vire; sous comm. du gouv.; a pris plusieurs fois la parole. (66,780 v.) — Comité de l'intérieur.

DEMORTREUX (Pierre-Thomas-Frédéric), né à Lisieux en 1798; président du trib. civ. de Lisieux et sous commissaire du gouv. (70,490 v.) — Comité de la justice.

DESCLAIS (Jacques-Alexandre), né à Caen en 1801, desservant de la commune de Cresserons. (49,571 v.) — Comité de l'instr. pub.

DESLONGRAIS (Armand-Rocherullé), né à Vire en 1796; maire de Vire; ancien député; prend une part active à toutes les discussions, notamment dans les questions de budget; occupe très-souvent la tribune. (100,594 v.) — Comité des finances.

DOUESNEL-DUBOSQ (Robert-Alexandre), né à Bayeux en 1798; ancien procureur du roi, maintenant banquier (56,866 v.) — Comité de législation.

HERVIEU (Pierre-Sosthène), né à Ryes en 1809, propr.; command. de la garde nat.; s'occupe des travaux intérieurs de l'Assemblée. (48,209 v.) — Comité des trav. pub.

LEBARILLIER (Louis-Constant), né à Lebisey en 1805; propriét.; ex-commissaire du gouv.; s'occupe des questions d'agriculture. (80,832 v.) — Comité de l'agric. et du crédit fonc.

LEMONNIER (Jean-Nicolas), né à Rouen en 1815; ouvrier serrurier à Falaise. (44,508 v.) — Comité du comm. et de l'indust.

MARIE (Auguste-Alphonse), né à Caen en 1803, avocat; ancien banquier; ex-commiss. du gouv. (61,653 v.) — Com. de l'inst. pub.

PERSON (Félix), né à Caen en 1795; ancien officier de l'empire et des cent jours; l'un des principaux rédacteurs de *la Normandie agricole*. (53,083 v.) — Com. de l'agric. et du crédit fonc.

THOMINE-DESMASURES. — Com. de l'instr. pub.

CANTAL (7 REPRÉSENTANTS).

DAUDE, né en 1800; avocat à Saint-Flour; membre du cons. gén. du Cantal. — Comité de législation.

DELZONS (Jean-François-Amédée), né à Aurillac en 1809, avocat; membre du cons. gén. du Cantal. — Com. de l'intérieur.

DURIEU-PAULIN, né en 1808; s. commiss. du gouv. à Aurillac. — Comité de législation.

MURAT-SISTRIÈRES, né en 1800, propriét.; ancien capit. d'artill.; membre du cons. gén. du Cantal. — Comité des finances.

PARIEU (Félix Esquiron de), né à Aurillac en 1815, avocat; docteur en droit; membre de l'acad. de Clermont-Ferrand; auteur de plusieurs mémoires et notices; a pris plusieurs fois la parole. — Comité du travail.

	Proposit. sur les concordats amiables, art. 4.	Droit au travail.	Amendement contre l'impôt progressif.	Question des deux chambres.	Vote à la commune.	Question de la Présidence. Amend. Grévy.	Crédit foncier.	Suppression du remplac. milit.	Décret qui fixe à dix les lois organiq.	Proposition Rateau-Lacjuin sur la dissolution.	Diminution de l'impôt du sel.	Loi sur les Clubs. Ensemble de l'article 4.
BELLENCONTRE	Contre	Contre	Pour	Pour	Contre	Contre	Contre	Contre	Pour	Contre	Contre	Pour
BESNARD	Pour	Contre	Pour	Pour	Contre	Absent	Absent	ab.p.c.	Absent	Pour	Contre	ab.p.c.
DEMORTREUX	Pour	Contre	Pour	Contre	Contre	Pour	Pour	Contre	Pour	Contre	Pour	Contre
DESCLAIS	Absent	Contre	Pour	Contre	Contre	Contre	Contre	Contre	ab.p.c.	Pour	Pour	Pour
DESLONGRAIS	Pour	Contre	Pour	Pour	Contre	Contre	Contre	Contre	Absent	Pour	Contre	Pour
DOUESNEL-DUBOSQ	Contre	Contre	Pour	Contre	Contre	Contre	Contre	Contre	ab.p.c.	Pour	Contre	Pour
HERVIEU	Contre	Contre	Pour	Contre	Contre	Contre	Contre	Contre	Absent	Pour	Contre	Pour
LEBARILLIER	Pour	Pour	Absent	Contre	Contre	Contre	Pour	Pour	Pour	Contre	Pour	Contre
LEMONNIER	Pour	Absent	Pour	Contre	Contre	Pour	Contre	Pour	Pou.	Contre	Pour	ab.p.c.
MARIE	Pour	Pour	Absent	Contre	Contre	Contre	Contre	Contre	Pour	Contre	Pour	
PERSON	Pour	Contre	Pour	Contre	Contre	Contre	Contre	Contre	Absent	Absent	Pour	Contre
									Absent	Pour	Absent	Pour
THOMINE-DESMASURES												
DAUDE	Pour	Contre	Pour	Contre	Pour	Contre	Contre	Contre	ab.p.c.	Pour	Pour	Contre
DELZONS	Contre	Contre	Pour	Contre	Pour	Contre	Contre	Con re	ab.p.c.	Pour	Absent	Contre
DURIEU-PAULIN	Pour	Pour	Contre	Contre	Contre	Pour	Pour	Pour	Pour	Contre	Pour	Contre
MURAT-SISTRIÈRES	Contre	Contre	Pour	Pour	Pour	Contre	Contre	Contre	ab.p.c.	ab.p.c.	ab.p.c.	ab.p.c.
PARIEU	Contre	Contre	Pour	Contre	Pour	Contre	Contre	Contre	ab.p.c.	Pour	Absent	Pour

RICHARD, né en 1802 à Pierrefort ; médec. vétér. au 1er rég. d'artill. ; fondateur des *Annales des haras.* — Comité de l'agriculture et du crédit foncier.

TEILHARD-LATÉRISSE, né à Murat en 1811, médecin ; ancien maire de Murat. — Comité des finances.

CHARENTE (9 REPRÉSENTANTS).

BABAUD-LARIBIÈRE, né en 1819 à Confolens ; avocat ; comm. du gouv. ; a pris très-souvent la parole et écrit de nombreux articles politiques. (35,919 v.) — Com. de l'intérieur.

GARNIER-LABOISSIÈRE, âgé de 52 ans ; propriétaire et maître de forges ; ancien officier et député en 1839. (66,388 v.) — Comité du commerce et de l'industrie.

GIRARDIN (Ernest de), né en 1803 ; député depuis 1831. (44,829 v.)— Comité de l'intérieur.

HENNESSY (Auguste), âgé de 46 ans, négociant à Cognac. (55,383 v.) — Comité des finances.

LAVALLÉE, né à Ligne en 1806 ; ancien notaire ; membre du cons. gén. ; sous-commiss. du gouv. (28,417 v.) — Com. de la justice.

MATHIEU-BODET, né à la Monlède en 1816 ; avocat à la Cour de cassation ; membre du cons. gén. de la Charente, (37,567 v.) — Comité des finances.

FOUGEARD, né à Confolens en 1803, avocat ; est l'auteur de plusieurs propositions sur des questions de crédit ; a paru plusieurs fois à la tribune. (34,202 v.) — Comité des finances.

RATEAU, âgé de 49 ans, avocat ; membre du cons. gén. de la Gironde ; auteur de la proposition relative à la dissolution de l'Assemblée constituante. (37,839 v.) — Comité de la justice.

Le neuvième représentant, M. Planat, a donné sa démission.

CHARENTE-INFÉRIEURE (12 REPRÉSENTANTS).

AUDRY DE PUYRAVEAU (Pierre-François), né à Puyraveau en 1783 ; combattant de juillet 1830 ; député depuis 1821 jusqu'en 1834 ; a prononcé un discours dans la discussion générale de la constitution. (53,485 v.) — Comité de l'intérieur.

BAROCHE, né à la Rochelle en 1803 ; ancien bâtonnier de l'ordre des avocats de Paris ; maintenant procureur gén. à la cour d'appel ; député depuis 1847. (83,300 v.) — Com. des affaires étrangères.

BRARD (Pierre-Lucien), né à Soubran en 1804, médecin ; l'un des organisateurs du banquet réformiste de Saintes (64,992 v.) — Comité de la guerre.

BUGEAUD, âgé d'environ 60 ans ; général en chef de l'armée des Alpes ; ancien gouverneur général de l'Algérie ; a pris une part active dans l'ancienne chambre des députés aux débats parlementaires. — Comité de la guerre.

DEBAIN (Léon), né à Rochefort en 1808 ; ancien ouvrier est devenu successivement maître d'études et instituteur à Paris. (60,440 v.) — Comité de l'instruction publique.

Proposit. sur les concordats amiables, art. a.	Droit au travail.	Amendement contre l'impôt progressif.	Question des deux chambres.	Vote à la commune.	Question de la Présidence. Amend. Grévy.	Crédit foncier.	Suppression du remplac. milit.	Décret qui fixe à dix les lois organiq.	Proposition Rateau-Lanjuin. sur la dissolution	Diminution de l'impôt du sel.	Loi sur les Clubs. Ensemble de l'article 9.
Pour	Pour	Pour	Contre	Contre	ab.p.c.	Pour	Pour	Pour	Contre	Pour	e
Absent	Pour	Pour	Contre	Contre	Contre	Contre	Contre	Pour	Contre	Pour	Contre
Pour	Pour	ab.p.c.	ab.p.c.	ab.p.c.	ab.p.c.	Contre	Contre	ab.p.c.	Contre	Pour	ab.p.c.
Absent	Contre	Pour	Contre	Contre	Contre	Contre	Contre	Pour	Pour	Pour	Contre
Contre	Contre	Absent	Pour	Contre	Contre	Contre	Contre	Contre	Pour	Contre	Pour
Pour	ab.p.c.	Pour	Contre	Absent	Contre	Absent	Contre	Absent	ab.p.c.	Contre	Pour
Contre	Contre	Pour	Contre	Contre	Contre	Pour	Pour	ab.p.c.	Contre	Pour	Contre
Absent	Contre	Pour	Pour	Pour	Contre	Contre	Contre	Contre	Pour	Contre	Pour
Pour	Contre	Pour	ab.p.c.	ab.p.c.	Contre	Contre	Contre	Contre	Pour	Pour	Pour
Contre	Contre	Pour	Pour	Contre	Contre	Contre	Contre	Contre	Pour	Contre	Pour
Absent	Pour	Pour	Contre	Contre	Pour	Pour	Pour	Pour	Contre	Absent	Absent
Contre	Contre	Pour	Contre	Pour	Contre	Contre	Contre	Contre	Pour	Contre	ab.p.c.
Pour	Pour	Pour	Contre	Contre	Pour	Pour	Pour	ab.p.c.	Contre	Pour	Absent
								Absent	ab.p.c.	Absent	ab.p.c.
Pour	Contre	Pour	Contre	Contre	Contre	Contre	Contre	Pour	Contre	Pour	Contre

DUFAURE, né en 1798; député depuis 1834; il devint, peu d'années après, ministre des travaux pub.; député jusqu'en 1848; il a été nommé représent. par 68,197 v.; membre de la commission de constit.; il a pris une part active à toutes les discussions, et a été ministre de l'intérieur depuis la fin de septembre jusqu'au 20 décembre. — Com. de l'Algérie et des colonies.

DUPONT DE BUSSAC, né à Paris en 1800; avocat et publiciste; il a été deux fois interdit de ses fonctions en 1833 et en 1834; sous-commissaire du gouv. à Jonzac; pendant la session il a souvent occupé la tribune; il est un des auteurs de la proposition relative aux concordats amiables (41,464 v.) — Comités de législation et des affaires étrangères.

GAUDIN (Pierre-Théodore), né à Marennes en 1816, journaliste; a écrit dans l'*Écho du Peuple* de Poitiers, et fondé l'*Union* de Saintes; organisateur du banquet réform. de Saintes. (78,500 v.) — Comité de législation.

REGNAULT DE SAINT-JEAN D'ANGÉLY, fils de l'illustre ministre de la République et de l'Empire; il est lui-même aujourd'hui général de brigade. — Comité de la guerre.

RENOU DE BALLON, né à Ballon en 1793. agricul. et indust.; memb. du cons. gén. de la Charente-Inférieure; commissaire du gouv. (106,683 v.) — Comité du travail.

TARGET, né à Rochefort en 1805; contre-maître charpentier des constructions navales. (81,553 v.) — Comité de la marine.

Le douzième représentant de la Charente inf., M. Dargentcuil, est mort.

CHER (7 REPRÉSENTANTS).

BIDAULT, né à Dun-sur-Auron en 1796, avocat à Saint-Amand; commiss. du gouv. (47,012 v.) — Com. de l'agr. et du créd. fonc.

BOUZIQUE (Étienne-Ursin), né à Château-sur-Cher en 1801, avocat; membre du cons. gén. du Cher; maire de Bourges. (47,912 v.) — Comité de la justice.

DUPLAN (Paul), âgé de 42 ans, avocat et journaliste; a travaillé à la *Revue du Cher* et à l'*Éclaireur de l'Indre*; commiss. du gouv. (32,945 v.) — Comité des finances.

DUVERGIER DE HAURANNE, né en 1798, avocat; membre du cons. gén. du Cher; ancien député; a pris part depuis longues années à toutes les discussions polit. (45,884 v.) — Com. des fin.

POISLE-DESGRANGES (Jacques-Damien), né au Genet en 1799; a fait partie du bataillon du Cher en 1815, depuis avoué à Bourges et commandant de la garde nationale. — Comité de la justice.

FYAT (Félix), né à Vierzon en 1814; homme de lettres; a travaillé à divers journaux et fait jouer plusieurs pièces de théâtres; comm. du gouv., est monté trois ou quatre fois à la tribune. (34,321 v.) — Comité de l'intérieur.

VOGUÉ (Léonce de), né à Paris en 1805; ancien offic. de caval., depuis industriel et agriculteur. (34,321 v.) — Comité du travail.

	Proposit. sur les concordats amiables, art. 4	Droit au travail.	Amendement contre l'impôt progressif.	Question des deux chambres.	Vote à la commune.	Question de la Présidence. Amend. Grévy.	Crédit foncier.	Suppression du remplac. milit.	Décret qui fixe à dix les lois organiq.	Proposition Rateau-Lanjuin. sur la dissolution	Diminution de l'impôt du sel.	Loi sur les Clubs. Ensemble de l'article 1.
DUFAURE	Contre	Contre	Pour	Contre	Contre	Contre	Contre	Contre	Absent	Pour	Contre	Pour
DUPONT DE BUSSAC	Absent	Pour	Contre	Contre	Contre	Contre	Pour	Contre	Pour	Contre	Pour	Contre
GAUDIN	Pour	Contre	Contre	Contre	Contre	Contre	Pour	Pour	ab.p.c.	Contre	Pour	Contre
REGNAULT DE SAINT-JEAN D'ANGÉLY									Absent	Pour	Contre	Pour
RENOU DE BALLON	Pour	Pour	Pour	Absent	Absent	Absent	Pour	Pour	ab.p.c.	Absent	Pour	Contre
TARGET	Absent	Pour	Pour	Contre	Contre	Pour	Pour	Contre	Pour	Contre	Pour	Contre
BIDAULT	Contre	Contre	Pour	Contre	Contre	Contre	Contre	Contre	Pour	Pour	Contre	ab.p.c.
BOUZIQUE	Absent	Contre	Pour	Pour	Contre	Contre	Absent	Absent	ab.p.c.	Contre	Pour	Contre
DUPLAN	Pour	Pour	Pour	Contre	Contre	Contre	Pour	Contre	Pour	Contre	Pour	Contre
DUVERGIER DE HAURANNE	Contre	Contre	Pour	Pour	Pour	Contre	Contre	Contre	Absent	Pour	Contre	Pour
POISLE-DESGRANGES	Contre	Contre	Pour	Pour	Pour	Contre	Contre	Contre	Contre	Pour	Contre	Pour
FYAT	Pour	Pour	Contre	Contre	Contre	Pour	Pour	Pour	Pour	Contre	Pour	Absent
VOGUÉ	Contre	Contre	Pour	Contre	Pour	Contre	Contre	Contre	Contre	Pour	Contre	Pour

CORRÈZE (8 REPRÉSENTANTS).

BOURZAT, né à Brives en 1798, avocat ; a pris part à un grand nombre de discussions, notamment sur les questions de droit. (22,226 v.) — Com. de législation.

CEYRAS, né à Rochefort en 1796, magistrat ; comm. du gouv.; a parlé plusieurs fois sur des questions de paupérisme ; auteur d'une proposition en fav. des indigents de la campagne. (29,713 v.) — Comité de l'Algérie et des colonies.

DU BOUSQUET LABORDERIE, né à Brives en 1794 ; ancien sous-préfet. (21,175 v.) — Com. de l'adm. dép. et com.

FAVART, né à Tulle en 1797 ; anc. avocat; maire de Tulle. (15,720 v.) — Comité de l'adm. dép. et com.

LATRADE, né à Paris en 1812, journaliste; ancien rédacteur du *National* et ex-accusé polit.; commiss. du gouv. dans la Dordogne ; a pris très-souvent la parole et fait partie d'un grand nombre de commissions. (7,428 v.) — Com. de l'inter. et des trav. pub.

LEBRALY, né à Usel en 1802; ancien préfet; propriétaire. (24,244 v.) — Com. de l'adm. dép. et c m.

MADESCLAIRE, né à Tulle en 1804, industriel. (25,183 v.) — Comité de l'intérieur.

PENIÈRES, né à Ussel en 1810. (17,784 v.) — Com. de la guerre.

CORSE (6 REPRÉSENTANTS).

BONAPARTE (Napoléon), né à Trieste en 1822, second fils de Jérôme, ancien roi de Westphalie; ambassadeur en Espagne. (39,229 v.) — Comité des affaires étrangères.

BONAPARTE (Pierre-Napoléon), né à Rome en 1815, fils de Lucien, prince de Canino ; est monté plusieurs fois à la tribune. — Comité de la guerre.

CASABIANCA (Xavier), né à Bastia en 1800, avocat. (16,000 v.) — Comité de la marine.

CONTI (Étienne), né à Ajaccio en 1812, avocat; ex-proc. gén. de la Répub. en Corse. (18,760 v.) — Com. de l'intér.

PIETRI (Pierre-Marie), né à Sartène en 1810, avocat ; publiciste ; comm. du gouv. (17,000 v.) — Comité de l'int.

L'élection de M. Louis Blanc, sixième représ. de la Corse, a été annulée.

COTE-D'OR (10 REPRÉSENTANTS).

BOUGUÉRET (Édouard), né à Voulaines en 1813, maître de forges et agriculteur; a organisé le travail dans les forges de la société chatillonaise. — Comité du travail.

GODARD-POUSSIGNOL, né à Chailly en 1790, avocat; membre du cons. gén. de la Côte-d'Or. — Com. de l'adm. dép. et comm.

JAMES-DEMONTRY, né à Dijon en 1805 ; ancien séminariste ; devenu commerçant ; ex-comm. du gouv.; il a pris plusieurs fois la parole sur des questions politiques. — Comité des aff. étrang.

	Proposit. sur les concordats amiables, art. 4.	Droit au travail.	Amendement contre l'impôt progressif.	Question des deux chambres.	Vote à la commune.	Question de la Présidence. Amend. Grévy.	Crédit foncier.	Suppression du remplac. milit.	Décret qui fixe à dix les lois organiq.	Proposition Rateau-Lanjuin sur la dissolution.	Diminution de l'impôt du sel.	Loi sur les Clubs. Exécutoire de l'article 4
BOURZAT	Pour	Pour	Contre	Contre	Contre	ab.p.c.	Pour	Pour	ab.p.c.	Contre	Pour	Absent
CEYRAS	Absent	Contre	Contre	Contre	Contre	Pour	Pour	Pour	Pour	Contre	Pour	Contre
DU BOUSQUET LABORDERIE	Contre	Contre	Pour	Pour	Contre	Pour	Pour	Contre	Pour	Pour	Pour	Pour
FAVART	Contre	Contre	Pour	Pour	Pour	Contre	Contre	ab.p.c.	Pour	Pour	Pour	Pour
LATRADE	Pour	Pour	Pour	Contre	Absent	ab.p.c.	Pour	Contre	ab.p.c.	Contre	Pour	Contre
LEBRALY	Contre	Contre	Pour	Pour	Pour	Contre	Contre	Contre	Absent	Pour	Pour	Pour
MADESCLAIRE	Pour	Contre	Contre	Contre	Contre	Pour	Pour	Pour	Pour	Contre	Pour	Absent
PENIÈRES	Absent	Pour	Pour	Contre	Contre	Pour	Absent	ab.p.c.	Pour	Contre	Pour	Absent
BONAPARTE (Napoléon)	Contre	Contre	Pour	Pour	Absent	Contre	Contre	Contre	Absent	Pour	Absent	Absent
BONAPARTE (Pierre-Napoléon)	Pour	Pour	Contre	Contre	Contre	Contre	Pour	Contre	Absent	Contre	Absent	Absent
CASABIANCA	Contre	Contre	Pour	Contre	Contre	Contre	Contre	Contre	Absent	Pour	Contre	Pour
CONTI	Absent	Contre	Pour	Contre	Contre	Absent	Contre	Contre	Absent	Pour	Contre	Pour
BOUGUÉRET	Absent	Contre	Pour	Contre	Contre	Pour	Pour	Contre	ab.p.c.	Pour	Pour	ab.p.c.
GODARD-POUSSIGNOL	Absent	Contre	Pour	Contre	Contre	Contre	Contre	Contre	ab.p.c.	Pour	ab.p.c.	Absent
JAMES-DEMONTRY	Pour	Pour	Contre	Contre	Contre	Pour	Pour	Absent	Pour	Contre	Pour	ab.p.c.

JOIGNEAUX, né à Varennes en 1815, agriculteur et journaliste; a collaboré à divers journaux de Paris et fondé plusieurs feuilles périodiques en province; sous-commissaire du gouvernement. — Comité des travaux publics.

MAGNIN-PHILIPPON, né à Dijon en 1790; ancien maître de forges; membre du cons. gén. de la Côte-d'Or. — Com. des fin.

MAIRE (Neveu), né à Montbard en 1798; commissionnaire en marchandises. — Comité des finances.

MARÉCHAL, né à Bligny-sous-Beaune en 1800, avocat; ex-substitut du proc. du roi en 1830. — Comité de l'instr. pub.

MAUGUIN, né en 1785, avocat; membre du gouv. prov. en 1830; député depuis plus de 20 ans; s'est occupé spécialement de politique extérieure et de ce qui se rattache à l'industrie viticole.— Com. des affaires étrangères.

MONNET, né à Dijon en 1798; ancien élève de l'école Polytechnique; ancien notaire. — Comité de l'adm. dép. et comm.

PERRENET (Pierre), né à Marcilly-sur-Tille en 1797; secrét. du cons. gén. de la Côte-d'Or depuis 1838; avocat; ancien proc. du roi.— Comité de l'adm. dép. et comm.

COTES-DU-NORD (16 REPRÉSENTANTS).

CARRÉ (Félix), né en 1792, industriel, agriculteur; s'est occupé spécialement de l'élève du cheval. (79,529 v.) — Com. de la marine.

DENIS, né en 1801; armateur à Saint-Brieuc. (70,596 v.) — Comité de la marine.

DEPASSE (Émile-Toussaint-Marcel), né à Guimgamp en 1804; ancien notaire; maire de Lannion; a pris part aux travaux intérieurs sur les questions d'assist. p. (90,577 v.) — Com. de la marine.

GLAIS-BIZOIN, né en 1799, avocat; membre du cons. gén. des Côtes du Nord, député depuis plus de 20 ans; a souvent occupé la tribune; il a traité surtout les questions de bienfaisance d'art. et de litter.; ex-président de la réunion du Palais nation.(92,308 v.) — Comité de l'intérieur.

HOUVENAGLE, né en 1813, avocat. (69,484 v.) — Com. de la marine.

LEDRU, né en 1800; juge de paix à Paimpol; sous-commiss. du gouv. (64,696 v.) — Sécr. du com. de l'int.

LEGORREC, né en 1799, avocat; ancien député; maire de Pontrieux; membre du cons. gén. des Côtes du Nord. (89,873 v.) — Comité de l'agriculture et du crédit foncier.

LOYER, né en 1803, notaire à Glomal; m. du cons. gén. (82,665 v.)

MARIE, né en 1786, armateur à Bénic. (68,318 v.) — Comité du commerce et de l'industrie.

MICHEL, né en 1792, ancien négociant; s'occupe d'agric. (109,365 v.) — Comité des travaux publics.

MORHÉRY, né en 1803; ancien médecin; agriculteur; a pris part à la révolution de 1830; ex-comm. gén. du gouv. pour le Finistère. (62,270 v.) — Com. de l'int. et des aff. étrang.

PERRET, né en 1794, cultivat.; maire du Gouray; ancien membre du cons. gén. (66,668 v.) — Com. de l'instr. pub.

Proposit. sur les concordats amiables, art. 4.	Droit au travail.	Amendement contre l'impôt progressif.	Question des deux chambres.	Vote à la commune.	Question de la Présidence, Amend. Grévy.	Crédit foncier.	Suppression du remplac. milit.	Décret qui fixe à dix les lois organiq.	Proposition Rateau-Laquin sur la dissolution.	Diminution de l'impôt du sel.	Loi sur les Clubs. Ensemble de l'article 1.
Pour	Pour	Contre	Contre	Contre	Pour	Pour	Pour	Pour	Contre	Pour	Absent
Pour	Pour	Pour	Contre	Contre	Pour	Pour	Contre	ab.p.c.	Contre	Pour	Contre
Pour	Pour	Pour	Contre	Contre	Pour	Pour	Pour	ab.p.c.	Contre	Pour	Contre
Contre	Contre	Absent	Pour	Contre	ab.p.c.	ab.p.c.	Contre	Contre	Pour	Contre	Pour
Pour	Contre	Absent	Contre	Contre	Contre	Contre	Contre	Pour	Pour	Contre	Pour
Absent	Contre	Pour	Contre	Contre	Contre	Contre	ab.p.c.	Pour	Contre	Pour	Contre
Contre	Contre	Pour	Contre	Contre	Contre	Contre	Contre	Pour	Pour	Contre	Absent
Absent	Pour	Pour	Contre	Contre	Contre	Contre	Contre	ab.p.c.	Contre	Pour	Contre
Contre	Contre	Pour	Pour	Pour	Pour	Contre	Contre	Pour	Pour	Pour	ab.p.c.
Contre	Contre	Pour	Pour	Contre	Contre	Contre	Contre	Pour	Contre	Pour	Pour
Pour	Pour	Pour	Contre	Contre	Pour	Contre	Contre	Pour	Contre	Pour	Contre
Contre	Contre	Pour	Contre	Contre	Contre	Contre	Contre	Pour	Pour	Pour	Pour
Pour	Contre	Pour	Contre	Contre	Contre	Contre	Contre	Pour	Contre	Pour	Contre
Contre	Contre	Pour	Pour	Absent	Contre	Contre	Contre	Pour	Pour	Pour	Pour
Contre	Pour	Contre	Contre	Contre	Pour	Contre	Contre	Pour	Contre	Pour	Contre
Contre	Contre	Pour	Contre	Contre	Contre	Contre	Contre	Pour	Contre	Pour	ab.p.c.
Absent	Contre	Pour	Pour	Contre	Absent	Contre	Contre	Pour	Contre	Pour	Pour
Absent	Pour	Contre	Contre	Contre	Pour	Pour	ab.p.c.	Pour	Contre	Pour	Absent
Contre	Pour	Pour	Contre	Contre	Contre	Contre	Contre	Pour	Contre	Pour	Contre

RACINET, né en 1802, médecin à Gouarec; ancien membre du conseil général. (83,359 v.) — Com. de l'agr. et du crédit fonc.

SIMON (Jules), né à Lorient en 1815; profess. de philosophie à la Sorbonne et à l'école normale; auteur de plusieurs ouvrages; collaborateur de *la Revue des deux Mondes*; a pris une part notable aux discussions relatives à l'enseignement. (65,638 v.) — Comité de l'instruction publique.

TASSEL (Yves), né en 1803; ancien notaire; ancien député; membre du cons. gén. (95,551 v.) — Comité de la justice.

TRÉVENEUC (Henri-Louis-Marie de), né à Saint-Brieuc en 1815; anc. élève de Saint-Cyr; sous-officier démissionnaire; élève à l'École des Beaux-Arts et licencié en droit; il a pris part à plusieurs discussions importantes. (94,132 v.) — Com. des aff. étrang.

CREUSE (7 REPRÉSENTANTS).

DESAINCTHORENT, âgé de 71 ans; propriétaire; ancien député. (16.500 v.) — Com. de l'adm. dép. et comm.

FAYOLLE (Edmond), né à Guéret en 1810; avocat. (22,000 v.) — Comité de l'intérieur.

GUISARD, né en 1805, médecin; décoré de juillet; ex-comm. du gouv. (21,000 v.) — Comité de l'intérieur.

LASSARRE, né en 1803; ex-substitut du proc. du roi; procureur de la République. (15,000 v.) — Comité de la justice.

LECLER (Félix), né à Aubusson en 1808, avocat; journaliste; ex-comm. du gouv.; rédacteur de l'*Album de la Creuse*. (19,000 v.) — Secrétaire du comité des finances.

LEYRAUD, né en 1786, avocat; ex-maire; ex-procur. du roi; ancien député; fondat. de l'*Éclaireur de la Creuse et de l'Indre*; prend souvent part aux discussions. (20,500 v.) — Com. de la justice.

SALLANDROUZE-LAMORNAIS, né en 1808, manufacturier; ancien député; avait fait, à propos de l'adresse, un amendement sur lequel on discutait le 22 février 1848. (17,000 v.) — Comité du commerce et de l'industrie.

DORDOGNE (13 REPRÉSENTANTS).

AUGUSTE MIE, né à Périgueux en 1801; ancien imprimeur; a subi de nombreuses condamnations sous la monarchie pour impressions de journaux.

BARAILLER (Eugène) fut envoyé à Paris par son département pour réclamer contre la nomination de deux commissaires du gouv. prov.; prend une part active aux trav. intérieurs de l'Assemblée. — Comité des affaires étrangères et de l'adm. dép. et comm.

CHAVOIX (Jean-Baptiste), né à Excideuil en 1805, médecin; maire d'Excideuil; m. du cons. gén. (33,978 v.) — Secr. du com. de l'int.

DELBETZ, né à Eymet en 1818, médecin; sous-commiss. du gouvern. (36,392 v.) — Comité de l'intérieur.

DEZEIMERIS, né en 1799, médecin; bibliothéc. de la faculté de médec. de Paris; ancien député; a toujours pris une part active aux débats parlementaires relatifs aux questions d'agriculture et de finances. (107,213 v.) — Com. de l'agr. et du crédit fonc.

	Proposit. sur les concordats amiables, art. 4.	Droit au travail.	Amendement contre l'impôt progressif.	Question des deux chambres.	Vote à la commune.	Question de la Présidence. Amend. Grévy.	Crédit foncier.	Suppression du remplac. milit.	Décret qui fixe à dix les lois organiq.	Proposition Rateau-Laujuin sur la dissolution.	Diminution de l'impôt du sel.	Lois sur les Clubs. Ensemble de l'article 4.
RACINET	Contre	Pour	Pour	Contre	Contre	ab.p.c.	ab.p.c.	Contre	Pour	Contre	Pour	Pour
SIMON	Contre	Contre	Pour	Contre	Contre	Contre	Contre	Contre	Pour	Contre	Pour	Contre
TASSEL	Contre	Pour	Pour	Contre	Contre	Contre	Contre	Contre	Pour	Contre	Pour	Contre
TRÉVENEUC	Pour	Contre	Pour	Pour	Pour	Contre	Contre	Contre	Absent	Pour	Pour	Pour
DESAINCTHORENT	Contre	Contre	Pour	Pour	Contre	Contre	Contre	Contre	Pour	Pour	Contre	Pour
FAYOLLE	Pour	Pour	Pour	Contre	Contre	Contre	Contre	Contre	Pour	Contre	Pour	Contre
GUISARD	Pour	Pour	Pour	Contre	Contre	Contre	Pour	Absent	ab.p.c.	Contre	Pour	Contre
LASSARRE	Absent	Contre	Pour	Pour	Contre	Contre	Contre	Contre	Contre	Pour	Contre	Pour
LECLER	Pour	Contre	Pour	Contre	Contre	Contre	Contre	Contre	Pour	Pour	Pour	ab.p.c.
LEYRAUD	Contre	Contre	Pour	Pour	Contre	Contre	Contre	Contre	Absent	Pour	Contre	Pour
SALLANDROUZE-LAMORNAIS	Absent	Contre	Absent	Pour	Pour	Absent	Absent	Absent	Absent	Pour	Absent	Pour
AUGUSTE MIE	Pour	Pour	Contre	Contre	Contre	Pour	Pour	Pour	Absent	Contre	Pour	Absent
BARAILLER	Contre	Absent	Pour	Contre	Pour	Contre	Contre	Contre	Pour	Pour	Pour	Pour
CHAVOIX	Pour	Pour	Pour	Contre	Contre	Pour	Pour	Contre	ab.p.c.	Contre	Pour	Contre
DELBETZ	Pour	Pour	Contre	Contre	Contre	Pour	Pour	Pour	Pour	Contre	Pour	Contre
DEZEIMERIS	Pour	Contre	Pour	Contre	Contre	Contre	Contre	Contre	Pour	Pour	Contre	Contre

DUCLUZEAU, né à Ribeyrac en 1778, médecin; anc. député. (35,908 v.) — Comité de l'intérieur.

DUPONT, (Auguste), né à Périgueux en 1801, publiciste; rédacteur de *l'Écho de la Dordogne*; a paru plusieurs fois à la tribune. (75,003 v.) — Com. des trav. pub.

DUSSOLIER, né à Nontron en 1799, avocat; ancien député; commiss. gén. du gouv.; il prend une part active aux trav. de l'assemblée. (102,444 v.) — Comité de législation.

GOUBIE, né à Eymet en 1788: ancien commerçant; combattant de juill. 1830. (43,887 v.) — Com. du comm. et de l'ind.

GROLHIER-DESBROUSSES, né à Nontron en 1790, avocat. (61,555 v.) — Com. de l'adm. dép. et comm.

LACROUZILLE (Amédée), né à Périgueux en 1802, médecin; envoyé à Paris par le département avec M. Barailler pour protester. (72,937 v) — Com. de l'adm. dép. et comm.

SAVY, né à Périgueux en 1792, jurisc. (46,861 v.) — Com. de la guerre.

TAILLEFER (Timoléon), né à Domme en 1802, médecin; membre du cons. gén. de la Dordogne. (72,909 v.) — Com. des finances.

DOUBS (7 REPRÉSENTANTS).

BARAGUEY D'HILLIERS, né à Paris en 1795, général de division; ancien directeur de l'école de Saint-Cyr sous la monarchie; président de la réunion de la rue de Poitiers; a pris plusieurs fois la parole. (31,933 v.) — Com. de la guerre.

BIXIO, né en Italie, commerçant; a fondé à Paris une librairie spéciale d'agriculture; chargé d'une mission diplom. à Turin par le gouv. prov.; ministre du comm. pendant quelques jours au 20 déc.; a pris part à un grand nombre de discussions; vice-prés. de l'ass. (23,863 v.) — Com. des aff. étrang.

CONVERS, né à Besançon en 1800, avocat; anc. député. (45,013 v.) — Com. de l'adm. dép. et comm.

DEMESMAY, né en 1805, poète et homme de lettres; ancien député; s'est attaché spécialement à la réduction de l'impôt du sel qu'il a fini par obtenir; prend part à presque toutes les discussions. (48,413 v.) — Vice président du com. du trav.

MAUVAIS, né en 1804; s'est fait une grande réputation comme savant astronome; a pris part à quelques discussions. (39,073 v.) — Com. de l'instruction publique.

MONTALEMBERT (de), né à Paris en 1812, ex-pair de France; a pris part aux discussions de la constitution; s'occupe spéciale- ment de la liberté de l'enseignement et des questions de politique extérieure. (22,552 v.) — Com. de l'instr. pub.

TANCHARD, né à Celtes en 1794, agriculteur; membre du cons. gén. du Doubs; juge de paix de Rougemont; a fait de grands défriche- ments. (42,894 v.) — Com. de l'agr. et du crédit foncier.

DROME (8 REPRÉSENTANTS).

BAJARD, né à Saint-Donat en 1793, médecin. (34,744 v.) — Com. des affaires étrangères.

Nom	Proposit. sur les concordats amiables, art. 4.	Droit au travail.	Amendement contre l'impôt progressif.	Question des deux chambres.	Vote à la commune.	Question de la Présidence. Amend. Grévy.	Crédit foncier.	Suppression du remplac. milit.	Décret qui fixe à dix les lois organiq.	Proposition Rateau-Lanjuin sur la dissolution.	Diminution de l'impôt du sel.	Loi sur les Clubs. Ensemble de l'article 4.
DUCLUZEAU	Pour	Pour	Pour	Contre	Contre	Contre	Pour	Pour	Pour	Contre	Pour	Contre
DUPONT	Contre	Contre	Pour	Contre	Pour	Contre	Contre	Contre	ab.p.e.	Pour	Pour	Pour
DUSSOLIER	Contre	Contre	Pour	Contre	Contre	Contre	Contre	Contre	Absent	Pour	Pour	Pour
GOUBIE	Contre	Contre	Pour	Contre	Pour	Contre	Contre	Contre	Pour	Contre	Contre	Pour
GROLHIER-DESBROUSSES	Contre	Contre	Pour	Contre	Contre	Contre	Contre	Contre	ab.p.e.	Pour	Pour	Pour
LACROUZILLE	Contre	Contre	Pour	Contre	Contre	Contre	Contre	Contre	Contre	Pour	Pour	Pour
SAVY	Contre	Contre	Absent	Pour	Pour	Contre	Contre	Contre	Pour	Pour	Pour	Pour
TAILLEFER	Contre	Contre	Pour	Contre	Contre	Contre	Contre	Contre	Absent	Pour	Pour	Pour
BARAGUEY D'HILLIERS	Contre	Contre	Pour	Pour	Pour	Pour	Contre	Absent	Contre	Pour	Contre	Pour
BIXIO	Pour	Contre	Pour	Pour	Contre	Contre	Contre	Pour	Pour	Pour	Contre	Absent
CONVERS	Contre	Contre	Pour	Contre	Contre	Contre	Contre	Contre	ab.p.e.	Contre	Pour	Contre
DEMESMAY	Contre	Absent	Pour	Pour	Pour	Contre	Contre	Contre	Contre	Pour	Pour	Pour
MAUVAIS	Contre	Contre	Pour	Contre	Pour	Contre	Contre	Contre	Contre	Pour	Pour	Pour
MONTALEMBERT	Contre	Contre	Absent	Pour	Pour	Contre	Contre	Contre	Contre	Pour	Absent	Pour
TANCHARD	Contre	Contre	Pour	Contre	Contre	Pour	Pour	Contre	Absent	Contre	Pour	Contre
BAJARD	Pour	Pour	Pour	Contre	Contre	Pour	Absent	Absent	Pour	Contre	Pour	Contre

BELIN, né en 1810 à Valence, avocat à Lyon. (95, 114 v.) — Com. de l'agriculture et du crédit foncier.

BONJEAN, né à Valence en 1805, avocat à la Cour de cassation; combattant et décoré de juillet 1830; a publié plusieurs ouvrages importants; prend souvent la parole.(60,836 v.)— Com. de la just.

CURNIER, né à Valence en 1817, propriét.; licencié en droit; maire de Valence et commiss. du gouv. (33,508 v.) — Com. de l'instr. pub.

MATHIEU (Philippe), né à Saint-Christophe-le-Lacy en 1803, écrivain; agriculteur et économiste; a fondé une revue politique : *la Voix d'un Solitaire*; a prononcé pendant la session de nombreux discours sur toutes les questions. (37,853 v.) — Com. des aff. étrang.

MORIN, né à Dieulefit en 1814, manufacturier; membre du cons. gén. (30,398 v.) — Com. du trav.

REY, né à Aurel en 1802, propriétaire; membre du cons. gén.; maire de Saillant. (31,173 v.) — Com. de l'instr. pub.

SAUTAYRA, né à Montélimart en 1804 : a pris une part très-active à toutes les discussions politiques de l'Assemblée. (31,878 v.) — Com. de l'agr. et du crédit fonc.

EURE (11 REPRÉSENTANTS).

ALCAN (Michel), né à Donnelay (Meurthe) en 1811, ancien ouvrier, puis élève de l'école des arts et manufactures, enfin ingénieur civil et profess. à l'École centrale ; a fait plusieurs propositions, amendements et discours sur des questions de travail. (59,267 v.) — Secrét. du com. du travail.

CANEL, né en 1803, avocat à Pontaudemer; sous-commiss. du gouv. (64,418 v.) — Com. de législ.

DAVY, né à Rouen en 1814, ancien avoué à Évreux; commiss. gén. du gouv. (59,407 v.) — Secrét. du com. de législ.

DEMANTE (Antoine-Mariel), né à Paris en 1789, profess. à la faculté de droit de Paris; a pris la parole sur des questions de législation. — Com. de l'instr. pub.

DUMONT, né en 1796, av. à Pontaudemer. (70,568 v.) — C. de la just.

DUPONT, né le 17 février 1767 à Neubourg; ex-présid. du gouv. prov.; reçu avocat en 1789; il a été successivement juge au tribunal de Louviers, accusateur public en l'an VI; membre du conseil des Cinq-Cents; président du tribunal d'appel d'Evreux; prés. de ch. à la cour de Rouen en 1811; député au corps législatif en 1813; député depuis 1814, et ministre de la justice en 1830. (99,023 v.) — Com. de législ.

LANGLOIS, né en 1805, avocat à Paris ; il a publié un grand nombre d'écrits sur diverses questions politiques financières, administratives. (51,482 v.) — Com. de l'agr. et du crédit foncier.

LEGENDRE, né en 1782; ancien député. (91,264 v.) — Com. de législ.

MONTREUIL (de), né en 1803, propriétaire. (37,548 v.) — Com. de l'Algérie et des colonies.

PICARD (Jean-Jacques-François), né à Gadancourt en 1804 ; ancien avoué à Évreux ; membre de plusieurs sociétés savantes ; a fait de nombreux mémoires sur l'industrie et l'agricult. (75,774 v.)— Com. de la justice.

	Proposit. sur les concordats amiables, art. 4.	Droit au travail.	Amendement contre l'impôt progressif.	Question des deux chambres.	Vote à la commune.	Question de la Présidence. Amend. Grévy.	Crédit foncier.	Suppression du remplac. milit.	Décret qui fixe à dix les lois organiq.	Proposition Rateau-Lanjuin sur la dissolution.	Diminution de l'impôt du sel.	Loi sur les Clubs. Ensemble de l'article 4.
BELIN	Pour	Contre	Absent	Contre	Contre	Contre	Contre	Contre	Absent	Contre	Pour	Contre
BONJEAN	Contre	Contre	Pour	Pour	Absent	Contre	Contre	ab.p.c.	Absent	Pour	Contre	Pour
CURNIER	Pour	Pour	Pour	Contre	Contre	Pour	Contre	Contre	Absent	Contre	Pour	Contre
MATHIEU	Pour	Pour	Contre	Contre	Contre	Pour	Pour	Absent	Pour	Contre	Pour	ab.p.c.
MORIN	Contre	Contre	Pour	Pour	Contre	Absent	Contre	Contre	ab.p.c.	Pour	Pour	Absent
REY	Pour	Pour	Pour	Contre	Contre	Contre	Contre	Contre	ab.p.c.	Contre	Pour	Contre
SAUTAYRA	Pour	Contre	Pour	Contre	Contre	Contre	Pour	Contre	Pour	Contre	Pour	Contre
ALCAN	Pour	Pour	Pour	Contre	Contre	Pour	Pour	Contre	Pour	Contre	Pour	Contre
CANEL	Pour	Pour	Contre	Contre	Contre	Contre	Pour	Contre	ab.p.c.	Contre	Pour	Contre
DAVY	Contre	Absent	Pour	Contre	Contre	Contre	Contre	Contre	Pour	Contre	Pour	Absent
DEMANTE	Contre	Contre	Absent	Pour	Pour	Contre	Contre	Contre	Contre	Pour	Contre	Pour
DUMONT	Contre	Contre	Pour	Contre	Contre	Contre	Contre	Contre	ab.p.c.	Contre	Pour	Contre
DUPONT	Absent	Contre	Absent	Contre	Contre	Contre	Contre	Pour	ab.p.c.	Contre	Pour	Contre
LANGLOIS	Pour	Contre	Pour	Contre	Contre	Contre	Contre	Contré	ab.p.c.	Contre	Pour	Contre
LEGENDRE	Pour	Pour	Pour	Contre	Contre	Pour	Pour	Pour	ab.p.c.	Contre	Pour	Contre
MONTREUIL	Pour		Pour	Contre	Pour	Contre	Absent	Contre	Absent	Pour	Contre	Pour
PICARD	Pour	Pour	Absent	Contre	Contre	Contre	Pour	Pour	ab.p.c.	ab.p.c.	ab.p.é.	

SEVAISTRE (Paul), manufact.; ancien présid. du trib. de commerce; ancien commandant de la garde nat. d'Elbeuf; a pris souvent la parole sur les questions de trav. (52,773 v.) — Com. du trav.

EURE-ET-LOIR (7 REPRÉSENTANTS).

BARTHÉLEMY, né à Paris en 1802; ancien imprimeur; membre du cons. gén. d'Eure et Loir; commissaire du gouv. (57,528 v.) — Com. des cultes.

ISAMBERT, né en 1795, conseiller à la Cour de cass.; ex-direct. du *Bulletin des Lois*; ancien député; a pris une part active aux débats parlement. avant et après fév. (23,185 v.)—Com. des cult.

LEBRETON (Eugène-Casimir), né en 1791, général de brigade; est entré au service comme volontaire en 1813; a pris part aux expéditions d'Afrique depuis 1841 jusqu'à 1846; il est monté plusieurs fois à la tribune; a succédé, comme questeur de l'Assemb. nat., au gén. Négrier tué en juin. (39,438 v.) — Com. de la guerre.

MARESCAL, né à Chartres en 1808, avocat; ex-commissaire du gouv. (67,042 v.) — Com. de législ.

RAIMBAULT-COURTIN, né en 1793; ancien notaire et ancien député. (62,522 v.) — Comité des cultes.

SUBERVIE, né à Lectoure en 1776, général de division en retraite; député depuis 1831; ministre de la guerre sous le gouv. provis., puis grand chancelier de la légion d'honneur. (58,565 v.) — Com. de la guerre.

TROUSSEAU (Armand), né à Tours en 1800; profess. à la faculté de médecine de Paris; a parlé plusieurs fois sur des questions de travail et d'industrie. (25,004 v.) — Com. de l'instr. pub.

FINISTÈRE (15 REPRÉSENTANTS).

BRUNEL (Alexis), né à Brest en 1793, anc. magist. destitué en 1822; présid. du trib. civ. de Brest depuis 1830; a pris la parole plusieurs fois, notamment sur les incompatibilités.— Com. de l'int.

DECOUVRANT (André-Marie-Adolphe), né à Morlaix en 1804, avocat; maire de Morlaix. — Com. de la justice.

FAUVEAU (Joseph), né à Lorient en 1795, ingénieur de la marine. — Secrét. du com. de la marine.

FOURNAS (Balthazar de), né à Hennebon en 1806, ancien officier de marine. — Com. de la marine.

GRAVERAN, né à Crozon en 1793, ancien curé de Brest, aujourd'hui évêque de Quimper. — Com. des cultes.

KÉRANFLECH (Yves-Michel Gilart de), né à Sibéril en 1791, ancien magistrat; a publié plusieurs brochures sur le paupérisme. — Com. des cultes.

KERSAUSON (Joseph-Marc-Marie), né à Plourin en 1798, ancien magist.; m. du cons. gén. du Finistère. — Com. de la marine.

LACROSSE, né en 1794, fils de l'amiral Lacrosse, colonel de la garde nat. de Brest; ancien député, maintenant ministre des travaux pub; il s'est beaucoup occupé à l'ancienne chambre de questions de marine; a pris part à un grand nombre de discussions; vice-président de l'Assemblée nat.— Com. de la marine.

	Proposit. sur les concordats amiables, art. 4.	Droit au travail.	Amendement contre l'impôt progressif.	Question des deux chambres.	Vote à la commune.	Question de la Présidence. Amend. Grévy.	Crédit foncier.	Suppression du remplac. milit.	Décret qui fixe à dix les lois organiq.	Proposition Rateau-Lanjuin. sur la dissolution.	Diminution de l'impôt du sel.	Loi sur les Clubs. Ensemble de l'article 4.
SEVAISTRE	Contre	Contre	Pour	Pour	Pour	Pour	Contre	Contre	Absent	Pour	Contre	Pour
BARTHÉLEMY	Contre	Contre	Pour	Contre	Contre	Absent	Contre	Contre	Absent	Contre	Contre	Absent
ISAMBERT	Contre	Contre	Pour	Pour	Contre	Contre	Contre	Contre	Contre	Pour	Contre	Absent
LEBRETON	Pour	Contre	Pour	Pour	Pour	ab.p.e.	Contre	Contre	Absent	Pour	Absent	Pour
MARESCAL	Pour	Contre	Pour	Contre	Absent	Contre	Contre	Contre	Pour	Pour	Contre	Contre
RAIMBAULT-COURTIN	Contre	Contre	Pour	Pour	Pour	Contre	Contre	Contre	ab.p.e.	Pour	Contre	Pour
SUBERVIE	Absent	Contre	Absent	Contre	Contre	Contre	Absent	Pour	Contre	Contre	Pour	Absent
TROUSSEAU	Absent	Contre	Absent	Contre	Absent	Absent	Contre	Contre	Pour	Pour	Contre	Contre
BRUNEL	Contre	Contre	Pour	Pour	Contre	Contre	Contre	Contre	Contre	Pour	Contre	Pour
DECOUVRANT	Contre	Contre	Pour	Contre	Contre	Contre	Contre	Contre	Pour	Contre	Pour	Contre
FAUVEAU	Contre	Contre	Pour	Contre	Contre	Contre	Contre	Contre	Contre	ab.p.e.	Contre	Pour
FOURNAS	Pour	Contre	Pour	Contre	Pour	Contre	Contre	Contre	Absent	Pour	Pour	ab.p.e.
GRAVERAN	Contre	Contre	Absent	Pour	Pour	Contre	Contre	Contre	Contre	Pour	Absent	Pour
KÉRANFLECH	Contre	Contre	Pour	Pour	Pour	Contre	Contre	Contre	Contre	Pour	Contre	Pour
KERSAUSON	Contre	Contre	Pour	Pour	Pour	Contre	Contre	Contre	Contre	Pour	Contre	Pour
LACROSSE	Contre	Contre	Pour	Contre	Contre	Contre	Contre	Contre	Pour	Pour	Contre	Pour

LE BRETON (Charles-Louis), né à Ploermel en 1807, médecin. — Secrétaire du com. de la marine.

LE FLO (le général), ambassadeur.

MÈGE (James), né à Sibiril en 1808, ancien négociant. — Comité du commerce et de l'industrie.

RIVERIEULX (Armand-Marie-Émile), né à Brest en 1810, propriét.; maire de Trégunc. — Com. de l'adm. dép. et comm.

ROSSEL (Victor), né à Recouvrance en 1807, ouvrier de la marine. — Comité de la marine.

SOUBIGOU (François-Louis), cultivateur, né à Plouneventer en 1819. Com. de la marine.

TASSEL, né à Lannion en 1802, avocat; ex-commissaire gén. du gouv. — Com. de l'agr. et du crédit fonc.

GARD (10 REPRÉSENTANTS).

BÉCHARD (Ferdinand), né à Nîmes en 1799, avocat à la Cour de cass.; anc. député; a publié plusieurs ouvrages et travaille à *la Gazette de France*; a pris une part très-active à toutes les discussions politiques. (55,118 v.) — Com. de l'instr. pub.

BOUSQUET, ancien député. (50,540 v.) — Com. des finances.

CHAPOT, né au Vigan en 1814, avocat. (50,026 v.) — Secrétaire du com. des cultes.

DEMIANS (Auguste), né à Nîmes en 1813, avocat général. (52,740 v.) — Com. de la justice.

FAVAND (Étienne-Édouard-Charles-Eugène), né à Alais en 1793, chef de bataillon au 50e de ligne (88,605 v.) — Com. de la guerre.

LABRUGUIÈRE-CARME, né à Uzès en 1790, anc. officier supérieur sous l'Empire. (51,404 v.) — Com. de la guerre.

LARCY (de), né au Vigan en 1805, anc. magist. de la restauration; anc. député et membre du cons. gén. du Gard; a pris une part active aux discussions politiques. (53,491 v.) — Com. des fin.

REBOUL (Jean), né à Nîmes en 1796, boulanger et poëte célèbre. (51,470 v.) — Com. de l'instr. pub.

ROUX-CARBONNEL, né à Nîmes en 1788, prés. du trib. de comm. et membre du conseil munic. de Nîmes. (51,546 v.) — Com. du commerce et de l'industrie.

TEULON, né en 1793, conseiller à la cour d'appel de Nîmes; ex-comm. gén. du gouv. (52,523 v.) — Com. de l'instr. pub.

HAUTE-GARONNE (12 REPRÉSENTANTS).

AZERM (Louis), né à Toulouse en 1798, ancien maire; agronome. (42,041 v.) — Com. des trav. pub.

CALÈS (Godefroi), né à Saint-Denis en 1799, médecin à Villefranche. (51,003 v.) — Com. des cultes.

DABEAUX, né à Aurignac en 1796, avocat; plusieurs fois bâtonnier de l'ordre à Saint-Gaudens; m. du cons. gén.; a pris une part très-active aux discussions et est souvent monté à la trib. (53,469 v.) — Com. de la justice.

Nom	Proposit. sur les concordats amiables, art. 4.	Droit au travail.	Amendement contre l'impôt progressif.	Question des deux chambres.	Vote à la commune.	Question de la Présidence. Amend. Grévy.	Crédit foncier.	Suppression du remplac. milit.	Brevet qui fixe à dix les lois organiq.	Proposition Rateau-Languin. sur la dissolution.	Diminution de l'impôt du sel.	Loi sur les Clubs. Ensemble de l'article 4.
LE BRETON	Contre	Pour	Pour	Contre	Contre	Contre	Contre	Contre	Pour	Contre	Pour	Contre
LE FLO				Absent	Absent		ab.p.c.	ab.p.c.	ab.p.c.	ab.p.c.	ab.p.c.	Pour
MÈGE	Contre	Contre	ab.p.c.	ab.p.c.	ab.p.c.	ab.p.c.	ab.p.c.	Contre	Contre	Pour	Contre	Pour
RIVERIEULX	Contre	Contre	Pour	Pour	Pour	Contre	Contre	Contre	Contre	Pour	Contre	Pour
ROSSEL	Contre	Contre	Pour	Contre	Pour	Contre	Contre	Contre	Contre	Pour	Pour	Absent
SOUBIGOU	Contre	Contre	Pour	Contre	Pour	Contre	Pour	Contre	Pour	Contre	Absent	Pour
TASSEL	Contre	Contre	Pour	Contre	Contre	Contre	Contre	Contre	Pour	Contre	Pour	Contre
BÉCHARD	Contre	Contre	Pour	Pour	Absent	Contre	Contre	Contre	Contre	Pour	Absent	Pour
BOUSQUET	Contre	Contre	Pour	Contre	Contre	Contre	Pour	Pour	ab.p.c.	Contre	Pour	Contre
CHAPOT	Pour	Contre	Pour	Pour	Pour	Contre	Pour	Absent	Contre	Pour	Contre	Pour
DEMIANS	Absent	Contre	Absent	Contre	Absent	Contre	Absent	Absent	ab.p.c.	Contre	ab.p.c.	ab.p.c.
FAVAND	Contre	Contre	Pour	Contre	Contre	Pour	Contre	Contre	Pour	Contre	Pour	Contre
LABRUGUIÈRE-CARME	Contre	Contre	Pour	Contre	Pour	Contre	Contre	Contre	ab.p.c.	Pour	Contre	ab.p.c.
LARCY	Absent	ab.p.c.	ab.p.c.	ab.p.c.	ab.p.c.	Absent	Contre	Contre	ab.p.c.	Pour	Contre	Pour
REBOUL	Contre	Contre	Pour	Contre	Pour	Contre	Contre	Contre	Contre	Pour	Contre	Pour
ROUX-CARBONNEL	Pour	Contre	Pour	Pour	Pour	Contre	Contre	Contre	Contre	Pour	Pour	Pour
TEULON	Absent	Absent	Absent	Contre	Absent	Pour	Contre	Contre	Pour	Contre	Pour	Contre
AZERM	Pour	Pour	Contre	Contre	Contre	Contre	Pour	Contre	Pour	Absent	Pour	Contre
CALÈS	Pour	Pour	Contre	Contre	Contre	Pour	Pour	Absent	Pour	Contre	Pour	Absent
DABEAUX	Contre	Contre	Pour	Contre	Pour	Contre	Contre	Contre	ab.p.c.	Pour	Pour	Pour

ESPINASSE (Ernest de l'), né en 1784, lieuten. col. en retraite; anc. député; a souvent parlé sur les questions relatives au budget de la guerre. (42,970 v.) — Com. des cultes.

GATIEN-ARNOULT (Adolphe-Félix), né à Vendôme en 1800, profess. de philosophie à la faculté des lettres de Toulouse; a publié un grand nombre d'ouvrages et fondé l'*Emancipation*; il est monté souvent à la tribune. (54,807 v.) — Com. de l'inst. pub.

JOLY (Henri) né en 1790, anc. avocat; anc. député; comm. gén. du gouv.; a pris plusieurs fois la parole sur des questions polit. (73,665 v.) — Com. des affaires étrangères.

MALBOIS (Jean-François), né en 1787, anc. officier de caval.; maire et membre du cons. gén. de la Haute-Garonne. (44,980 v.) — Com. de l'agriculture et du crédit foncier.

MARRAST (Armand), né à Saint-Gaudens en 1802, ancien maître d'études; répétiteur au collège Louis-le-Grand; journaliste; anc. collaborateur de *la Tribune*; rédacteur en chef du *National*; condamné politique; memb. du gouv. prov., puis maire de Paris, aujourd'hui président de l'Assemblée nat. depuis le mois d'août; rapporteur de la commission de constitution. (59,829 v.) — Com. de l'administration départementale et communale.

MULÉ (Bernard), né à Toulouse en 1803, négociant; combatt. de juill.; a refusé la décoration. (46,577 v.) — Com. de l'Alg. et des col.

PAGÈS DE L'ARIÈGE (Jean-Baptiste), né à Sein en 1784; anc. magistrat; publiciste; il est auteur de plusieurs ouvrages; a collaboré à *la Minerve*, au *Constitutionnel*, à *la Renommée* et au *Courrier français*; ancien député; il a pris part à un grand nombre de discussions politiques. (103,800 v.) — Com. de législ.

FEGOT-OGIER (Jean-Baptiste), né à Saint-Gaudens en 1795, cultiv.; ex-comm. du gouv. dans le Gers. (50,938 v.) — Com. des aff. étr.

RÉMUSAT (Charles de), né en 1797, avocat; publiciste; a écrit plusieurs ouvrages importants et travaillé à divers journaux et revues; membre de l'institut; ministre de l'intérieur dans le cabinet du 1er mars; il a pris part à la chambre et à l'Assemblée à un grand nombre de discuss. (43,850 v.) — Vice-prés. du com. de la guerre.

GERS (8 REPRÉSENTANTS).

ALEM-ROUSSEAU, né à Dubiet en 1799, avocat à Auch; accusé politique sous la restauration; prend assez souvent la parole dans les questions de polit. et de législ. (62,650 v.) — Com. de législ.

AYLIES, né un 1798, conseiller à la cour d'appel de Paris; anc. député; est monté plusieurs fois à la tribune et a pris une part active aux travaux intérieurs de l'Assemblée. (41,269 v.) — Vice-président du com. des affaires étrangères.

ROUBÉE (Théodore), né à Auch en 1794, ex-pharmacien à Paris. (28,865 v.) — Com. du comm. et de l'ind.

CARBONNEAU, né à Lectoure en 1803, avocat; ex-délégué du gouv. (28,636 v.) — Com. de l'adm. dép. et comm.

DAVID (Irénée), né à Auch en 1791, av.; ex-réd. du journal *le Pays*, d'Auch; a pris plusieurs fois la parole. (35,400 v.) — C. des fin.

GAVARRET, né à Lassouvelat en 1791, avocat; anc. député; membre du cons. gén. du Gers. (51,589 v.) — Com. des cultes.

	Proposit. sur les concordats amiables, art. 4.	Droit au travail.	Amendement contre l'impôt progressif.	Question des deux chambres.	Vote à la commune.	Question de la Présidence. Amend. Grévy.	Crédit foncier.	Suppression du remplac. milit.	Décret qui fixe à dix les lois organ.	Proposition Rateau-Lagrange sur la dissolution.	Diminution de l'impôt du sel.	Loi sur les Clubs. Ensemble de l'article 4.
ESPINASSE	Contre	Contre	Absent	Pour	Pour	Contre	Contre	Contre	Contre	Pour	Contre	Pour
GATIEN-ARNOULT	Absent	Pour	Contre	Contre	Contre	Contre		Absent	Pour	Contre	Pour	Contre
JOLY	Pour	Pour	Contre	Contre	Contre	Pour	Pour	Pour	Pour	Contre	Pour	Absent
MALBOIS	Contre	Contre	Pour	Contre	Contre	Contre	Contre	Contre	Contre	Pour	Contre	Pour
MARRAST	Contre	Contre	Pour	Contre	Contre	Pour	Contre	Contre	Pour	Absent	Pour	Contre
MULÉ	Pour	Pour	Contre	Contre	Contre	ab.p.c.	ab.p.c.	ab.p.c.	Pour	Contre	Pour	Contre
PAGÈS DE L'ARIÈGE	Pour	Absent	Absent	Absent	Contre	Contre	Absent	ab.p.c.	ab.p.c.	Contre	Absent	Contre
FEGOT-OGIER	Pour	Pour	Contre	Contre	Contre	Pour	Pour	Pour	Pour	Contre	Pour	Contre
RÉMUSAT	Pour	Contre	Absent	Pour	Pour	Contre	Contre	Contre	Contre	Pour	Contre	Pour
ALEM-ROUSSEAU	Absent	Absent	ab.p.c.	Contre	Contre	Contre	Contre	Contre	Pour	Contre	Pour	Contre
AYLIES	Contre	Contre	Pour	Pour	Contre	Contre	Contre	Contre	Contre	Pour	Contre	Pour
ROUBÉE	Pour	Contre	Pour	Contre	Contre	Contre	Pour	Contre	Pour	Contre	Pour	Contre
CARBONNEAU	Absent	Pour	Absent	Contre	Contre	Contre	Contre	Contre	Pour	Contre	Absent	Contre
DAVID	Contre	Contre	Pour	Contre	Pour	Contre	Contre	Contre	Pour	Pour	Contre	Absent
GAVARRET	Pour	Pour	Pour	Contre	Contre	Contre	Contre	Contre	Pour	Contre	Pour	Contre

— 56 —

GOUNON, né à Eauze en 1792, anc. négociant. (31,555 v.) — Com. du commerce et de l'industrie.

FANAT (de), né à l'île Jourdain en 1786, anc. préfet; ancien député; membre du cons. gén.; prend une part active à tous les travaux parlementaires. — Com. des finances.

GIRONDE (15 REPRÉSENTANTS).

BILLAUDEL (Jean-Baptiste-Basilide), né en 1793, ancien député; membre du cons. gén. de la Gironde; ingén. en chef des ponts-et-chaussées. (129,951 v.) — Com. des trav. pub.

DENJOY, né à Lectoure en 1804; ancien avocat; inspecteur des écoles prim.; ancien sous-préfet; a pris une part fort active aux débats de la tribune. (73,537 v.) — Com. des aff. étrang.

DESÈZE (Aurélien), né en 1810, neveu du défenseur de Louis XVI, anc. avocat gén.; est monté plusieurs fois à la tribune. (58,302 v.) — Com. de la justice.

DUCOS (Théodore), né en 1801; membre du cons. gén.; anc. député; prend part aux trav. intér. et est souvent chargé de faire des rapports. (105,906 v.) — vice-présid. du com. de la marine.

FEUILHADE-CHAUVIN, né en 1796, conseiller à la Cour de cass.; anc. député (48,409 v.) — Com. de la justice.

HOVYN-TRANCHÈRE, né en 1816, agriculteur et homme de lettres; rédact. du *Petit Homme Gris*, journ. satyr. de Bordeaux; a traité à la tribune plusieurs questions importantes. (62,796 v.) — Secrét. du com. de l'agr. et du crédit fonc.

HUBERT-DELISLE, né aux Antilles en 1710, secrét. du com. viticole de la Gironde. (58,819 v.) — Com. de l'Algérie et des colonies.

LAGARDE, né en 1803, avoc.; prend très-souvent la parole. (88,199 v.) — Com. de l'intérieur.

LARRIEU, né en 1807; s'occupe spécialement de la culture des vignes. (51,962 v.) — Com. du comm. et de l'ind.

MOLÉ, âgé de 70 ans environ, anc. pair de France; anc. ministre de l'empire et de la monarchie; memb. de l'institut; est monté à la tribune de l'Assemblée nation. deux ou trois fois. — Com. des affaires étrangères.

RICHIER, né à Joinville en 1805, agronome; présid. de la soc. d'agr. de la Gironde; est monté souvent à la tribune. (115,733 v.) — Com. de l'agr. et du crédit fonc.

SERVIÈRE, né à Bazas en 1807, avocat; a pris quelquefois la parole. (94,174 v.) — Com. du comm. et de l'ind.

SIMIOT, né à Bordeaux en 1808; memb. du cons. munic. de Bordeaux. (63,251 v.) — Com. de l'adm. dép. et comm.

THOMAS (Clément), né à Libourne en 1812, anc. sous-offic.; ex-détenu politique; collaborat. du *National*; colonel de la 2e légion de la garde nat. de Paris; il a pris le commandem. gén. des forces le 15 mai, et est resté quelque temps command. sup.; il paraît assez souvent à la tribune. (36,499 v.) — Com. de la guerre.

Le 15e représentant de la Gironde, M. Lubbert, a donné sa démission.

	Proposit. sur les concordats amiables, art. 4.	Droit au travail.	Amendement contre l'impôt progressif.	Question des deux chambres.	Vote à la commune.	Question de la Présidence. Amend. Grévy.	Crédit foncier.	Suppression du remplac. milit.	Décret qui fixe à dix les lois organiq.	Proposition Rateau-Lanjuin. sur la dissolution.	Diminution de l'impôt du sel.	Loi sur les Clubs. Ensemble de l'article 4.
GOUNON	Contre	Pour	Pour	Contre	Contre	Contre	Contre	Contre	ab.p.c.	Contre	Pour	Contre
FANAT	Absent	Contre	Pour	Absent	Pour	Contre	Contre	Contre	Absent	Pour	Contre	Pour
BILLAUDEL	Absent	Contre	Pour	Pour	Pour	Contre	Contre	Contre	Contre	Pour	Contre	Pour
DENJOY	Contre	Contre	Pour	Pour	Pour	Contre	Contre	Contre	Contre	Pour	Contre	Pour
DESÈZE	Contre	Contre	Pour	Pour	Pour	Contre	Contre	Contre	Contre	Pour	Contre	Pour
DUCOS	Contre	Contre	Pour	Contre	Pour	Contre	Contre	Contre	Contre	Pour	Contre	Pour
FEUILHADE-CHAUVIN	Contre	Contre	Pour	Pour	Pour	Contre	Contre	Contre	Contre	Pour	Contre	Pour
HOVYN-TRANCHÈRE	Contre	Contre	Pour	Pour	Pour	Contre	Pour	Contre	Contre	Pour	Pour	Pour
HUBERT-DELISLE	Contre	Contre	Pour	Pour	Pour	Contre	Contre	Contre	Contre	Pour	Pour	Pour
LAGARDE	Pour	Contre	Pour	Contre	Contre	Contre	Contre	Contre	Pour	Contre	Pour	Contre
LARRIEU	Absent	Contre	Pour	Pour	Contre	Contre	Contre	Contre	Pour	Contre	Contre	Contre
MOLÉ					Pour	Contre	Contre	ab.p.c.	Absent	Pour	Absent	Pour
RICHIER	Contre	Contre	Pour	Contre	Pour	Contre	Absent	Contre	Contre	Pour	Contre	Pour
SERVIÈRE	Contre	Contre	Pour	Pour	Pour	Contre	Contre	Contre	Contre	Pour	Pour	Contre
SIMIOT	Pour	Pour	Contre	Contre	Contre	Contre	Pour	Pour	Pour	Contre	Pour	Contre
THOMAS	Pour	Contre	Pour	Contre	Contre	Contre	Contre	Pour	Pour	Absent	Pour	Absent

HÉRAULT (10 REPRÉSENTANTS).

ANDRÉ (Jules), né en 1809, industriel; maire de Lodève. (53,700 v.) — Com. du comm. et de l'ind.

BERTRAND (Jean-Pierre-Louis-Toussaint), né en 1793, médecin; agrégé à la faculté de Montpellier; poursuivi comme conspirat. sous la restaur. (26,041 v.) — Com. de l'instr. pub.

BRIVES, né à Montpellier en 1800, ex-comm. du gouv. (27,338 v.) — Com. des affaires étrang.

CARION-NISAS (André), né en 1794, publiciste; a fait paraître plusieurs brochures polit.; il prend quelquefois la parole. (30,897 v.) — Com. de l'agr. et du crédit fonc.

CAZELLES (Brutus), né à Montagnac en 1793, propriét.; combattant de février. (25,088 v.) — Com. de la marine.

CHARAMAULE (Hippolyte), né en 1794 à Mèze, avocat; anc. député; il prend une part active à tous les travaux, et monte très-souvent à la tribune; il a attaché son nom à plusieurs amendements, notamment à celui qui tendait à proscrire par la constitution toute mesure préventive en matière de presse. (42,229 v.) — Com. de législation.

LAISSAC, né à Montpellier en 1809, avocat; décoré de juillet; a publié plusieurs travaux sur la question viticole, et collaboré à *la Tribune*; il prend quelquefois la parole. — Com. de législ.

REBOUL-COSTE (Aristide), né en 1792, anc. offic. d'artill.; agricult. (47,071 v.) — Com. de l'agr. et du crédit fonc.

RENOUVIER (Jules), né à Montpellier en 1804, homme de lettres; a publié des études historiques; ex-comm. du gouv. (34,566 v.) — Com. de l'intérieur.

VIDAL, né en 1785, anc. député. (34,394 v.) — Com. des finances.

ILLE-ET-VILAINE (14 REPRÉSENTANTS).

ANDIGNÉ DE LA CHASSE (d'), né en 1791, anc. sous-offic.; anc. dép.; memb. du cons. gén. de l'Ille-et-Vilaine. — Com. de l'administ. départementale et communale.

BERTIN, né à Rennes en 1805, médecin; a publié plusieurs ouvrages d'agricult. (113,592 v.) — Com. de l'adm. dép. et comm.

BIDARD, né à Rennes en 1806, avocat et profess. à la faculté de droit de Rennes. (77,599 v.) — Com. de l'instr. pub.

FRESNEAU (Armand), né en 1822, anc. secrét. de M. Duchatel; a prononcé plusieurs discours pendant la session. (88,094 v.) — Com. des affaires étrangères.

GARNIER-KÉRUAULT, né à Saint-Malo en 1810, anc. cap. d'artill.; décoré de juillet. (83,037 v.) — Com. de la guerre.

JOUIN (Pierre), né à Rennes en 1808, avocat à la c. d'appel de Rennes; est monté plusieurs fois à la tribune. (88,045 v.) — Com. des cult.

KERDREL (Vincent-Audren de), né en 1816, publiciste; membre de plusieurs sociétés savantes; a pris souvent la parole. (83,371 v.) — Secrét. du com. de l'instr. pub.

	Proposit. sur les contrib. amiables, art. 4.	Droit au travail.	Amendement contre l'impôt progressif.	Question des deux chambres.	Vote à la commune.	Question de la Présidence. Amend. Grévy.	Crédit foncier.	Suppression du remplac. milit.	Décret qui fixe à dix les lois organiq.	Proposition Rateau-Lanjuin. sur la dissolution.	Diminution de l'impôt du sel.	Loi sur les Clubs. Ensemble de l'article 4.
ANDRÉ	Contre	Contre	Pour	Pour	Contre	Contre	Contre	Contre	Pour	Pour	Contre	Pour
BERTRAND	Pour	Pour	Absent	Contre	Contre	Pour	Absent	Pour	Pour	Contre	Pour	Absent
BRIVES	Pour	Pour	Contre	Contre	Contre	Pour	Pour	Pour	Pour	Contre	Pour	Absent
CARION-NISAS	Pour	Pour	Pour	Contre	Pour	Contre	Pour	Pour	Pour	Contre	Pour	Contre
CAZELLES	Contre	Pour	Pour	Contre	Contre	Pour	Pour	Contre	Contre	Pour	Contre	Pour
CHARAMAULE	Contre	Contre	Pour	Pour	Pour	Pour	Pour	Contre	Contre	Pour	Absent	Pour
LAISSAC						Absent	Pour	Pour	Pour	Contre	Pour	Contre
REBOUL-COSTE	Contre	Contre	Pour	Contre	Contre	Contre	Contre	Contre	Pour	Pour	Contre	Pour
RENOUVIER	Pour	Absent	Pour	Contre	Contre	Contre	Contre	Pous	Pour	Contre	Pour	Contre
VIDAL	Contre	Contre	Pour	Contre	Contre	Contre	Pour	Contre	Absent	Pour	Contre	Pour
ANDIGNÉ DE LA CHASSE	Contre	Contre	Pour	Pour	Pour	Contre	Contre	Contre	Contre	Pour	Pour	Pour
BERTIN	Contre	Contre	Pour	Contre	Pour	Contre	Contre	Absent	Pour	Pour	Pour	Pour
BIDARD	ab.p.c.	Contre	Pour	Pour	Pour	Contre	Contre	Contre	Contre	ab.p.c.	Pour	
FRESNEAU	Contre	Contre	Pour	Pour	Pour	Contre	Contre	Contre	Contre	Pour	Contre	Pour
GARNIER-KÉRUAULT	Contre	Contre	Pour	Pour	Pour	Contre	Contre	Contre	ab.p.c.	Pour	Contre	Pour
JOUIN	Contre	Contre	Pour	Pour	Pour	Contre	Contre	Contre	Pour	Pour	Pour	Contre
KERDREL	Contre	Contre	Pour	Pour	Pour	Contre	Contre	Contre	Contre	Pour	Contre	Pour

LEGEARD DE LA DIRIAYS, né à Rhétiers en 1788, présid. de chambre à la c. d'appel de Rennes. (78,072 v.) — Prés. du com. de la justice.

LEGRAVEREND, né à Rennes en 1810, avocat à Paris; anc. député; prend très-souvent la parole. (125,542 v.) — Com. de législ.

MARION (Jean-Louis), né à Saint-Malo en 1801, avocat. (93,706 v.) — Com. de la marine.

MÉAULLE (Charles), né à Paris en 1795, avocat; trois fois bâtonnier à Rennes; a occupé plusieurs fois la tribune. — Com. des aff. étr.

PAUL RABUAN, né à Rennes en 1818, anc. sous-offic.; avocat; a pris une part active aux trav. parlem. (68,545 v.) — Com. de législ.

ROUX-LAVERGNE (Pierre-Célestin), né à Figeac en 1802, profess. d'hist. et de philosophie à la faculté des lettres de Rennes; a fait avec M. Buchez l'*Histoire parlementaire de la Révolution française*; prend une part très-active à tous les travaux de l'assemblée. (75,914 v.) — Com. de l'instr. pub.

TRÉDERN (de), né à Rennes en 1806, anc. offic.; réduct. du *Journal de Rennes*. (84,328 v.) — Com. de la guerre.

INDRE (7 REPRÉSENTANTS).

BERTRAND (Henri), né à Sainte-Hélène, fils du général Bertrand. (39,417 v.) — Com. de la guerre.

CHARLEMAGNE (Édouard), né à Châteauroux en 1799, anc. député qui a souvent pris part aux débats parlementaires. (35,214 v.) — Com. des finances.

DELAVAU (François-Charles), né à la Châtre en 1799, médecin; ancien député. (35,331 v.) — Com. de l'adm. dép. et comm.

FLEURY, né en 1802, anc. avoué, avocat; banquier et comm. du gouv. (28,050 v.) — Com. de l'int.

GRILLON (Eugène-Victor-Adrien), né à Châteauroux en 1796, avocat; ex-maire de Châteauroux. (32,107 v.) — Com. des trav. pub.

ROLLINAT, né à Châteauroux en 1804, avocat; a pris une part active aux travaux intérieurs et aux discussions de l'Assemb. (24,374 v.) — Com. des affaires étrang.

Le septième représentant de l'Indre, M. Bethmont, a donné sa démission.

INDRE-ET-LOIRE (8 REPRÉSENTANTS).

CRÉMIEUX (Isaac-Adolphe), né à Nîmes en 1796, avocat; memb. du gouv. prov.; ex-ministre de la justice; il a commencé sa réputation en 1830 par la défense des ministres de Charles X; député depuis longtemps; il a pris tant à la Chambre qu'à l'Ass. nat. une part très-active à tous les travaux; un grand nombre de commissions l'ont choisi pour rapp. (75,570 v.) — Com. de la just.

FOUCQUETEAU, né à Saumur en 1802, avocat; ancien magistrat. (43,656 v.) — Com. de la just.

GOUIN (Alexandre), né en 1799, banquier; ancien député; memb. du cons. gén. du comm.; ex-ministre du comm.; ancien député; a toujours pris une part active aux trav. intérieurs des assemblées. (43,010 v.) — Présid. du com. des fin.

	Proposit. sur les concordats amiables, art. 4.	Droit au travail.	Amendement contre l'impôt progressif.	Question des deux chambres.	Vote à la commune.	Question de la Présidence. Amend. Grévy.	Crédit foncier.	Suppression du remplac. milit.	Décret qui fixe à dix les lois organiq.	Proposition Rateau-Lanjuin. sur la dissolution.	Diminution de l'impôt de sel.	Loi sur les Clubs. Ensemble de l'article 1.
LEGEARD DE LA DIRIAYS	Contre	Contre	Pour	Pour	Pour	Contre	Contre	Contre	Contre	Pour	Contre	Pour
LEGRAVEREND	Contre	Contre	Absent	Contre	Contre	Contre	Contre	Contre	Pour	Contre	Pour	Pour
MARION	Absent	Contre	Pour	Pour	Absent	Contre	Contre	Contre	ab.p.c.	Absent	Contre	Pour
MÉAULLE	Contre	Contre	Pour	Contre	Contre	Contre	Contre	Contre	Pour	Contre	Pour	Pour
PAUL RABUAN	Contre	Absent	Pour	Contre	Pour	Contre	Contre	Contre	Contre	Pour	Pour	Pour
ROUX-LAVERGNE	Pour	Contre	Pour	Contre	Pour	Pour	Pour	Contre	Pour	Pour	Contre	Pour
TRÉDERN	Absent	Contre	Pour	Contre	Pour	Contre	Contre	Contre	Contre	Pour	Pour	Pour
BERTRAND	Pour	Contre	Pour	Contre	Contre	Contre	Absent	Pour	Pour	Pour	Pour	Contre
CHARLEMAGNE	Pour	ab.p.c.	Pour	Contre	Contre	Contre	Contre	Absent	Pour	Pour	Contre	Pour
DELAVAU	Pour	Contre	Pour	Contre	Pour	Contre	ab.p.c.	Absent	ab.p.c.	Pour	Contre	Pour
FLEURY	Pour	Pour	Contre	Contre	Contre	Pour	Pour	Pour	ab.p.c.	Contre	Pour	Contre
GRILLON	Pour	Contre	Absent	Absent	Absent	Contre	Contre	Contre	Absent	Pour	Contre	Pour
ROLLINAT	Pour	Pour	Absent	Contre	Contre	Pour	Contre	Pour	Pour	Contre	Pour	Contre
CRÉMIEUX	Contre	Pour	Pour	Contre	Pour	Contre	Contre	Contre	Absent	Absent	Pour	Contre
FOUCQUETEAU	Contre	Contre	Pour	Contre	Pour	Contre	Contre	Contre	Pour	Pour	Contre	Pour
GOUIN	Absent	Contre	Pour	Pour	Contre	Contre	Contre	Contre	Absent	Pour	Contre	Pour

JULIEN, né à Tours en 1793, avocat; anc. maire de Tours. (66,655 v.) — Vice-présid. du com. de la justice.

JULLIEN (Amable), né à Tours en 1810, ouvrier; a été membre de plusieurs commissions nommées pour des quest. de trav. (39,036 v.) — Com. du trav.

LUMINAIS, né à Millé en 1787, propriétaire; agricult.; ancien député. (49,923 v.) — Com. de l'agric. et du crédit fonc.

TASCHEREAU (Jules), né en 1802, homme de lettres; anc. député; a travaillé à plusieurs journaux et a publié *la Revue rétrospective*; recueil de docum. sur le règne de Louis-Philippe. (47,310 v.) — Com. des aff. étrang.

M. BACOT, huitième représentant de ce départ., a donné sa démission.

ISÈRE (15 REPRÉSENTANTS).

BERTHOLON, né à Lyon en 1796, ancien négoc. (106,186 v.) — Com. du comm. et de l'ind.

BLANC (Alphonse), né en 1798 à Grenoble, ingén. mécanic. (92,549 v.) — Com. de l'instr. pub.

BRILLIER, né à Heyrieux en 1812, avocat, (99,197 v.) — Com. de lég.

CHOLAT, né à la Tour-du-Pin en 1810, offic. d'artillerie. (86,610 v.) — Com. de la marine.

CLÉMENT (Auguste), né à Grenoble en 1790, avocat à la cour d'appel de Grenoble; anc. proc. du roi à Saint-Marcellin. (84,417 v.) — Com. de législ.

CRÉPU, né à Grenoble en 1802, anc. industriel; publiciste; s'est occupé des questions de finances, d'industrie et d'agricult. (105,200 v.) — Présid. du com. de l'int.

DURAND-SAVOYAT, né à Izeaux en 1800, cultiv.; a pris la parole sur des questions spéciales. (74,432 v.) — Com. de l'agriculture.

FARCONNET, né à Montferrat en 1809, avocat à la cour d'appel de Grenoble; maire de cette ville. (127,422 v.) — Com. de législ.

FROUSSARD, né à Grenoble en 1796, anc. direct. de l'école normale de Versailles; ex-comm. gén. du gouv.; a couru des dangers dans la journée du 15 mai. (98,221 v.) — Com. de l'inst. pub.

MARION DE FAVERGES (André), né à Grenoble en 1784. (93,706 v.) — Com. de législ.

RENAUD, né à Grenoble en 1808, ferblantier. (58,336 v.) — Com. de l'adm. dép. et comm.

REPELLIN, né à Moirans en 1800, anc. avocat à la cour d'appel de Grenoble; ex-comm. du gouv.; il a pris plusieurs fois la parole et présenté quelques amendements importants. (81,936 v.) — Com. de l'adm. dép. et comm.

RONJAT, né à Saint-Marcel-des-Ains en 1790, avocat; ancien juge de paix; il a paru souvent à la tribune. (74,858 v.) — Com. de l'agr. et du crédit foncier.

SAINT-ROMME, né à Roybon en 1797, avocat; ex-proc. gén. à la c. d'appel de Grenoble; il a pris une part très-active à toutes les discussions et présenté un grand nombre d'amend. (127,422 v.) — Com. de l'int

	Proposit. sur les concordats amiables, art. 4.	Droit au travail.	Amendement contre l'impôt progressif.	Question des deux chambres.	Vote à la commune.	Question de la Présidence. Amend. Grévy.	Crédit foncier.	Suppression du remplac. milit.	Décret qui fixe à dix les lois organiq.	Proposition Rateau-Lanjuin sur la dissolution.	Diminution de l'impôt du sel.	Loi sur les Clubs. Ensemble de l'article 4.
JULIEN	Contre	Contre	Pour	Contre	Contre	Contre	Contre	Contre	Pour	Pour	Contre	Pour
JULLIEN	Contre	Contre	Pour	Contre	Pour	Contre	Contre	Contre	Pour	Pour	Contre	Pour
LUMINAIS	Contre	Contre	Pour	Contre	Pour	Contre	Contre	Contre	Pour	Pour	Contre	Pour
TASCHEREAU	Absent	Contre	Pour	Pour	Contre	Contre	Contre	Contre	Contre	Pour	Contre	Pour
BERTHOLON	Pour	Pour	Contre	Contre	Contre	Pour	Pour	Absent	Pour	Contre	Pour	Contre
BLANC	Contre	Contre	Contre	Contre	Pour	Contre	Contre	Contre	Pour	Contre	ab.p.c.	Contre
BRILLIER	Contre	Contre	Pour	Contre	Contre	Contre	Pour	Contre	Pour	Contre	Pour	Contre
CHOLAT	Pour	Pour	Contre	Absent	Contre	Pour	Pour	Pour	Pour	Contre	Pour	Absent
CLÉMENT	Pour	Pour	Contre	Contre	Contre	Pour	Pour	Pour	Pour	Contre	Pour	Absent
CRÉPU	Pour	Pour	Pour	Contre	Contre	Contre	Pour	Contre	Pour	Contre	Pour	Contre
DURAND-SAVOYAT	Absent	Pour	Contre	Contre	Contre	Contre	Pour	Pour	Pour	Contre	Pour	Contre
FARCONNET	Pour	Pour	Contre	Contre	Contre	Contre	Pour	Contre	Absent	Contre	Pour	Contre
FROUSSARD	Pour	Contre	Pour	Contre	Contre	Absent	Pour	Contre	Pour	Contre	Pour	Absent
MARION DE FAVERGES	Pour	Contre	Pour	Contre	Pour	Contre	Contre	Contre	Pour	Pour	Pour	Pour
RENAUD	Pour	Absent	Pour	Contre	Contre	Contre	Pour	Contre	ab.p.c.	Contre	Pour	Contre
REPELLIN	Pour	ab.p.c.	ab.p.c.	ab.p.c.	Contre	Contre	Pour	Pour	Pour	Contre	Pour	Contre
RONJAT	Pour	Pour	Contre	Contre	Contre	Pour	Pour	Pour	ab.p.c.	Contre	Pour	Absent
SAINT-ROMME	Absent	ab.p.c	Contre	Contre	Contre	Contre	Pour	Pour	Pour	Contre	Pour	Contre

TRANCHAND, né à Bourgoin en 1790, présid. du trib. civ. de cette ville. (129,739 v.) — Com. de l'Algérie et des colonies.

JURA (8 REPRÉSENTANTS).

CHEVASSU, né à Poligny en 1810, anc. not.; memb. du cons. gén. du Jura. (41,143 v.) — Com. de l'adm. dép. et comm.

CORDIER (Joseph), né à Orgelet en 1775, anc. inspect. divis. des ponts et chaussées; memb. du cons. gén. du Jura; anc. député, il a publié un très-grand nombre d'ouvrages scientifiques. (58,808 v.) — Com. des finances.

GRÉA, né à Lons-le-Saunier en 1788, avocat; anc. député. (32,134 v.) — Com. des trav. pub.

GRÉVY (Jules), né à Mont-sous-Vaudrez en 1810, avocat à Paris; ex-comm. du gouv.; il a pris très-souvent la parole et attaché son nom à l'amendement radical présenté sur la question de la présidence dans la discussion de la constitution. (65,150 v.) — Com. de la justice.

HUOT (Césaire), né à Pierre-Fontaine en 1814, avocat. (34,033 v.) — Com. de législ.

JOBEZ (Alphonse), né en 1813, maître de forges, anc. député; membre du cons. gén. du Jura. (31,715 v.) — Com. des aff. étrang.

TAMISIER, né à Lons-le-Saunier en 1808, capit. d'artillerie; il a pris quelquefois la parole. (36,204 v.) — Com. de la guerre.

VALETTE, né à Salins en 1809, profess. à la faculté du droit de Paris, auteur de plusieurs ouvrages de jurisprudence: il a pris très-souvent la parole sur des questions de droit et présenté de nombreux amendements (38,560 v.) — Vice-prés. du com. de lég.

LANDES (7 REPRÉSENTANTS).

BASTIAT (Frédéric), né à Bayonne en 1801, écrivain et économiste; il a publié plusieurs ouvrages sur des questions de crédit et de liberté commerciale; il a pris la parole assez souvent et a présenté des amendements d'une importance notable. Comité des finances.

DAMPIERRE (Élie de), né en 1813, propriét.; il est monté plusieurs fois à la tribune. — Com. du trav.

DUCLERC (Eugène), né à Bagnères de Bigorre en 1812, publiciste; collaborateur de *la Revue du Progrès* et du *National*, auteur d'un *Dictionnaire politique*, et ministre des finances au 10 mai; il prend une part active aux travaux intérieurs des bureaux. — Com. des finances.

DUPRAT (Pascal), né en 1812, homme de lettres; réduct. en chef de *la Revue indépendante*, fondateur avec Lamennais du *Peuple constituant*; membre de la commission de constitution; il a pris une part très-active à tous les travaux de l'Ass. et a occupé fort souvent la tribune. — Com. du trav.

LEFRANC (Victor), né à Garsin en 1809, avocat; il a occupé souvent la tribune et présenté des amendements importants. — Comité des travaux publics.

MARRAST (François), né à Sassenay en 1793, propriét.; il n'est point parent, assure-t-on, du présid. de l'Ass. nat. — Com. de l'int.

	Proposit. sur les concordats amiables, art. 4.	Droit au travail.	Amendement contre l'impôt progressif.	Question des deux chambres.	Vote à la commune.	Question de la Présidence. Amend. Crévy.	Crédit foncier.	Suppression du remplac. milit.	Décret qui fixe à dix les lois organiq.	Proposition Rateau-Lanjuin. sur la dissolution	Diminution de l'impôt du sel.	Loi sur les Clubs. Ensemble de l'article 4.
TRANCHAND	Absent	Pour	Pour	Contre	Contre	Contre	Pour	Pour	Pour	Contre	Pour	Contre
CHEVASSU	Contre	Contre	Pour	Pour	Pour	Contre	Contre	Contre		Pour	Contre	Contre
CORDIER	Pour	Contre	Absent	Pour	Pour	Contre	Pour	Contre	Absent	Contre	Pour	Absent
GRÉA	Contre	Contre	Pour	Pour	Pour	Contre	Contre	Contre	Pour	Pour	Contre	Contre
GRÉVY	Pour	Absent	Pour	Contre	Contre	Pour	Pour	Absent	Pour	Contre	Pour	Absent
HUOT	Contre	Contre	Pour	Contre	Pour	Contre	Contre	Contre	Pour	Pour	Contre	Contre
JOBEZ	Contre	Contre	Pour	Pour	Pour	Contre	Contre	Contre	Contre	Pour	Contre	ab.p.c.
TAMISIER	Pour	Pour	Contre	Contre	Contre	Contre	Pour		Pour	Contre	Pour	Contre
VALETTE	Contre	Contre	Pour	Pour	Pour	Contre	Contre	Contre	Pour	Pour	Contre	Contre
BASTIAT	Contre	Contre	Absent	ab.p.c.	ab.p.c.	ab.p.c.	Contre	Contre	Absent	Pour	Contre	Pour
DAMPIERRE		Contre	Pour	Pour	Pour	Absent	Contre	Contre	Contre	Pour	Contre	Pour
DUCLERC	Absent	Absent	Absent	Contre	Contre	Contre	Contre	Contre	Pour	Pour	Absent	ab.p.c.
DUPRAT	Pour	ab.p.c.	Pour	Contre	Contre	Pour	Contre	Pour	Pour	Contre	Pour	Contre
LEFRANC	Contre	Contre	Pour	Contre	Contre	Contre	Contre	Contre	Pour	Pour	Contre	Pour
MARRAST	Contre	Contre	Pour	Pour	Pour	Contre	Contre	Contre	Contre	Pour	Contre	Pour

TURPIN (Numa), né à Saint-Julien en 1802, maire de Saint-Julien; memb. du cons. gén. des Landes depuis 1834, juge suppléant.— Com. de l'agr. et du crédit fonc.

LOIR-ET-CHER (6 REPRÉSENTANTS).

DUCOUX, né en 1808, anc. médecin de la marine et de l'armée; il a joué un rôle actif dans les journées de juin et plus tard rempli les fonctions de préfet de police.(35,100 v.)— Com. de l'agricult. et du crédit foncier.

DURAND DE ROMORANTIN, né à Romorantin en 1794, avocat à Paris; ancien député; est monté assez souvent à la tribune. (37,000 v.) — Com. de la justice.

GÉRARD (Léon), né à Paris en 1817, avocat. — Comité du commerce et de l'industrie.

NORMANT (Antoine), né à Romorantin en 1783, fabricant de draps. (33,000 v.) — Com. du trav.

SALVAT, né en 1791, ancien sous-officier; présid. de la soc. d'agr. de Loir-et-Cher. — Com. de l'agr. et du crédit fonc.

SARRUT (Germain), né à Toulouse en 1800, anc. rédact. en chef de la *Tribune*; il prend une part très-active à tous les trav. de l'Ass. tant à la tribune que dans les commissions. (35,000 v.) — Com. de l'instr. pub.

LOIRE (11 REPRÉSENTANTS).

ALCOCK, né en 1795, ancien député; proc. gén. à Lyon. (86,336 v.) — Com. de légis.

BAUNE, né à Montbrison en 1800, journaliste; ex-détenu polit.; rédact. de *la Réforme*; il a pris plusieurs fois la parole. (70,160 v.) — Com. des aff. étrang.

CALLET (Pierre-Auguste), né en 1812 à Saint-Étienne, homme de lettres; anc. rédact. de *la Gazette de France*; collaborateur de l'*Encyclopédie du XIXe siècle*. (41,607 v.) — Com. des cultes.

CHAVASSIEU, né à Montbrison en 1813, maire. (85,412 v.) — Com. de l'agr. et du crédit fonc.

DEVILLAINE, né en 1800 à Roanne, maire. (49,410 v.) — Comité du commerce et de l'industrie.

FAVRE (Jules), né à Lyon en 1806, avocat à Paris; ex-secrét. gén. du minist. de l'int.; il a prononcé un grand nombre de discours; il est l'un des auteurs de la propos. sur les concordats amiables. (34,260 v.) — Com. des aff. étrang.

FOURNEYRON (Benoist), né à Saint-Étienne en 1802, ingénieur; chef de bat. de la 2e lig. de la garde nat. de Paris. (41,833 v.)— Comité du travail.

LEVET (Henri), né en 1795, cons. de préf. (31,797 v.)— Com. du trav.

MARTIN-BERNARD, né à Montbrison en 1808, ouvrier compositeur; détenu politique; ex-commissaire du gouv. (47,066 v.)— Com. de l'intérieur.

POINT, né en 1800, juge à Saint-Étienne. (47,410 v.)— Com. de la just.

VERPILLEUX, né en 1803, ancien ouvrier mécanicien. (47,660 v.) — Com. des trav. pub.

	Proposit. sur les concordats amiables, art. 4	Droit au travail.	Amendement contre l'impôt progressif.	Question des deux chambres.	Vote à la commune.	Question de la Présidence. Armand. Grévy.	Crédit foncier.	Suppression du remplac. milit.	Décret qui fixe à dix les lois organiq.	Proposition Rateau-Lanjuin. sur la dissolution	Diminution de l'impôt du sel.	Loi sur les Clubs. Ensemble de l'article 4.
TURPIN	Contre	Contre	Pour	Pour	Pour	Contre	Contre	Contre	Absent	Pour	Contre	Pour
DUCOUX	Absent	Absent	Pour	Contre	Contre	Contre	Contre	Absent	Pour	Contre	Pour	Contre
DURAND DE ROMORANTIN	Contre	Contre	Pour	Contre	Contre	Contre	Pour	Contre	ab.p.c.	Pour	Absent	Pour
GÉRARD	Contre	Contre	Pour	Pour	Contre	Contre	Contre	Contre	Absent	Pour	Absent	Pour
NORMANT	Contre	Contre	Absent	Contre	Contre	Contre	Pour	Contre	ab.p.c.	Pour	Absent	ab.p.c.
SALVAT	Absent	Pour	Pour	Contre	Contre	Pour	Pour	Contre	Pour	Absent	Pour	Contre
SARRUT	Pour	Pour	Contre	Contre	Contre	ab.p.c.	ab.p.c.	Pour	Absent	Contre	Pour	Contre
ALCOCK	Contre	Contre	Pour	Pour	Contre	Contre	Contre	Contre	Pour	Pour	Contre	Pour
BAUNE	Pour	Pour	Absent	Contre	Contre	Pour	Pour	Pour	Pour	Contre	Pour	ab.p.c.
CALLET	Contre	Contre	Pour	Contre	Pour	Contre	Contre	Contre	Pour	Pour	Contre	Pour
CHAVASSIEU	Pour	Pour	Pour	Contre	Contre	Pour	Pour	Contre	Pour	Pour	Pour	Contre
DEVILLAINE	Pour	Contre	Pour	Contre	Contre	Contre	Pour	Contre	Pour	Contre	Pour	Absent
FAVRE	Pour	Pour	Contre	Contre	Contre	ab.p.c.	ab.p.c.	ab.p.c.	Pour	Contre	Contre	Absent
FOURNEYRON	Contre	Contre	Pour	Contre	Pour	Pour	Contre	Contre	Pour	Contre	Contre	Pour
LEVET	Contre	Contre	Pour	Pour	Pour	Contre	Contre	Contre	Pour	Pour	Contre	Pour
MARTIN-BERNARD	Pour	Pour	Contre	Contre	Contre	Pour	Pour	Pour	Pour	Contre	Pour	Absent
POINT	Contre	Contre	Pour	Pour	Pour	Contre	Contre	Contre	Pour	Pour	Contre	ab.p.c.
VERPILLEUX	Contre	Contre	Pour	Pour		ab.p.c.	ab.p.c.	ab.p.c.	Absent	ab.p.c.	Contre	Pour

HAUTE-LOIRE (8 REPRÉSENTANTS).

AVOND (Auguste), né en 1819, avocat et journaliste ; a pris quelquefois la parole. (24,252 v.)— Secrét. du com. de la guerre.

BADON, né en 1793, médecin ; maire du Puy. (35,858 v.) — Com. de l'adm. dép. et comm.

BREYMAND, né au Puy en 1803, anc. offic. propriét. (25,218 v.) — Com. des cultes.

GRELLET (Félix), né à Allègre en 1812, doct. en droit ; avocat à la cour d'appel de Riom. (35,194 v.) — Secrét. du Com. des fin.

LAFAYETTE (Edmond), né en 1819, avocat ; petit-fils du général. (33,356 v.) — Secrét. du Com. des aff. étrang.

LAGREVOL (Alexandre), né à Yssengeaux en 1820, avocat. (21,549 v.) — Secrét. du Com. de législ.

LAURENT (Aîné), né en 1801, avocat. (26,067 v.) — Com. de législ.

RULLIÈRE (le général), ministre de la guerre.

LOIRE-INFÉRIEURE (13 REPRÉSENTANTS).

BEDEAU (Marie-Alphonse), né à Verton en 1804, général de division ; blessé en juin ; a pris la parole deux ou trois fois. (97.420 v.) — Prés. du com. de la guerre.

BILLAULT, né en 1805, avocat ; ancien député ; il a prononcé plusieurs discours, présenté un grand nombre de rapports et attaché son nom à une foule d'amendements et de propositions. (88,858 v.) — Com. des fin.

BRAHEIX, né à Nantes en 1800, négociant. (100,035 v.)— Com. du commerce et de l'industrie.

CAMUS DE LA GUIBOURGÈRE (Alexandre-Prosper), né à Nantes en 1793, m. du cons. gén. (68,184 v.) — Com. de l'Alg. et des col.

DESMARS, né à Savenay, avocat ; memb. du cons. gén. (68,184 v.)— Com. de l'Algérie et des colonies.

FAVRE (Ferdinand), né à Nantes en 1788, ex-maire de Nantes ; m. du cons. gén. (82,291 v.) — Com. de l'adm. dép. et comm.

FAVREAU (Louis-Jacques), né à Nantes en 1812 ; anc. avoué ; il a pris plusieurs fois la parole sur des questions de législ. (70,310 v.) — Com. de la justice.

FOURNIER (Félix), né à Nantes en 1803, curé à Nantes. (81,719 v.) — Com. des cultes.

GRANVILLE (Aristide de), né à Saint-Malo en 1791, ancien officier ; propriétaire. (76,849 v.) — Com. de l'adm. dép. et comm.

LANJUINAIS, né en 1801, avocat ; ancien député ; il a pris plusieurs fois la parole et donné son nom à l'amendement qui a été adopté pour l'époque de la dissolution de l'Ass. constit. (113,074 v.) — Com. des finances.

ROCHETTE (Ernest de la), né en 1801. (73.722 v.)— Com. des affaires étrang. et de l'agr. et du crédit fonc.

SESMAISONS (Olivier de), né en 1800, agronome ; m. du cons. gén. (85,805 v.)— Com. de la marine.

Proposit. sur les concordats amiables, art. 4.	Droit au travail.	Amendement contre l'impôt progressif.	Question des deux chambres.	Vote à la commune.	Question de la Présidence. Amend. Grévy.	Crédit foncier.	Suppression du remplac. milit.	Décret qui fixe à dix les lois organiq.	Proposition Rateau-Lanjuin. sur la dissolution.	Diminution de l'impôt du sel.	Loi sur les Clubs. Ensemble de l'article 1.
Contre	Contre	Pour	Contre	Contre	Pour	Contre	Contre	Pour	Pour	Pour	Contre
Contre	Contre	Pour	Pour	Contre	Contre	Contre	Contre	Pour	Pour	Contre	Pour
Absent	Pour	Pour	Contre	Contre	Pour	Contre	Pour	Pour	Contre	Pour	Contre
Pour	Absent	Pour	Contre	Contre	Contre	Contre	Contre	Absent	Pour	Pour	ab.p.c.
Contre	Contre	Pour	Pour	Contre	Contre	Contre	Absent	Pour	Contre	Contre	Contre
Contre	Contre	Pour	Contre	Pour	Contre	Contre	Contre	Pour	Pour	Contre	Contre
Contre	Contre	Pour	Contre	Contre	Contre	Contre	Contre	Pour	Pour	Contre	Contre
				Pour	Contre	Contre	Contre	Contre	Pour	Absent	Pour
Absent	ab.p.c.	ab.p.c.	ab.p.c.	Pour	Contre	Contre	Contre	Contre	Pour	Pour	Pour
Contre	Absent	Pour	Contre	Contre	Absent	ab.p.c.	ab.p.c.	Pour	Absent	Absent	Contre
Contre	Absent	Pour	Pour	Pour	Absent	Absent	Contre	Contre	Pour	ab.p.c.	Pour
Contre	Contre	Pour	Pour	Pour	Contre	Contre	Contre	Contre	Pour	Contre	Pour
Contre	Contre	Pour	Contre	Pour	Contre	Contre	Contre	Contre	Pour	Pour	Pour
Contre	Contre	Pour	Pour	Pour	Contre	Contre	Contre	Contre	Pour	Pour	Pour
Contre	Contre	ab.p.c.	ab.p.c.	Pour	Contre	Contre	Contre	Contre	Pour	Pour	Pour
Contre	Contre	Pour	Pour	Pour	Contre	Contre	Contre	Pour	Pour	Pour	ab.p.c.
Contre	Contre	Pour	Pour	ab.p.c.	ab.p.c.	Contre	Contre	Contre	Pour	Contre	Pour
Contre	Contre	Pour	Pour	Pour	Contre	Contre	Contre	ab.p.c.	Pour	Contre	Pour
Contre	Contre	Pour	Pour	Pour	Absent	Pour	Contre	Contre	Pour	Pour	Pour
Contre	Pour	Absent	Pour	Pour	Contre	Contre	Contre	Contre	Pour	Pour	Pour

WALDECK-ROUSSEAU, né à Rennes en 1812, avocat; il a fait partie d'un grand nombre de commissions et présenté plusieurs rapports. (86,329 v.) — Com. du trav.

LOIRET (8 REPRÉSENTANTS).

ABBATUCCI, né en 1791, cons. à la Cour de cassation; ancien député. (60,840 v.)— Prés. du com. de législ.

ARBEY, né en 1805, avoué à Pithiviers. (52,477 v.) — Com. de just.

CONSIDÉRANT (Victor), né à Salins en 1808, anc. capit. du génie; m. de la commiss. municip. de Paris; rédacteur en chef de la *Démocratie pacifique*; m. de la commiss. de constit.; il a pris la parole plusieurs fois. (34,370 v.) — C. du trav.

MARTIN (Alexandre), né en 1802, négoc.; maire d'Orléans.(67,675 v.) — Com. des trav. pub.

MICHOT, né en 1805, anc. milit.; ouv. menuisier. (36,408 v.) — Com. du travail.

PÉAN (Émile), né en 1806, avoué près la cour d'app. de Paris; adj. du 4e arrond.; l'un des secrét. de l'Ass. nat. pendant presque toute la session. (40,332 v.) — Com. de la just.

ROGER, né en 1787, anc. avocat à la C. de cass.; anc. député. (68,783 v.) Prés. du com. de l'Algérie et des colonies.

RONDEAU, né en 1729, avocat; anc. agréé au trib. de comm. de Paris; sous-comm. du gouv.; il a pris souvent la parole et proposé plusieurs amendements. (67,543 v.) — Prés. du com. du trav.

LOT (7 REPRÉSENTANTS).

AMBERT, né en 1804, lieut. col. de dragons; publiciste; il a écrit dans un grand nombre de journaux et publié une foule d'ouvrages et de notices; il est monté assez souvent à la tribune. — Com. de la guerre.

CARLA, né à Cahors en 1801, notaire; maire de Cahors. — Comité de l'adm. dép. et comm.

CAVAIGNAC (le général Eugène), né à Paris le 15 déc. 1802, gén. de division; gouv. gén. de l'Algérie sous le gouv. prov.; ministre de la guerre sous la comm. exécut.; nommé chef du pouv. exécut. par l'Ass. nat. pendant les journées de juin, fonctions qu'il a remplies jusqu'au 20 déc.; en cette qualité il a en plusieurs fois occasion de monter à la tribune, notamment dans la séance du 25 nov. 1848. — Com. des aff. étrang.

LABROUSSE (Émile), né à Cahors en 1800, anc. chef d'institution; ex-commiss. gén. du gouv.— Com. de l'instr. pub.

MURAT (Lucien), né à Milan en 1803, second fils du roi de Naples. — Com. des aff. étrang.

ROLLAND, né à Cahors en 1803, cultivat.— C. de l'agr. et du cr. fonc.

SAINT-PRIEST (de), né en 1801, propriét.; il prend une part très-active à tous les travaux; il a attaché son nom à la réforme postale.— Com. des fin.

	Proposit. sur les concordats amiables, art. 4.	Droit au travail	Amendement contre l'impôt progressif.	Question des deux chambres	Vote à la commune.	Question de la Présidence. Amend. Grévy.	Crédit foncier.	Suppression du remplac. milit.	Décret qui fixe à dix les lois organiq.	Proposition Rateau-Lanjuin. sur la dissolution.	Diminution de l'impôt du sel.	Loi sur les Clubs. Ensemble de l'article 4.
WALDECK-ROUSSEAU	Pour	Contre	Absent	Contre	Contre	Contre	ab.p.c.	Contre	Pour	Contre	Pour	Contre
ABBATUCCI	Pour	Contre	Pour	Contre	Contre	Contre	Contre	Contre	Absent	Pour	Contre	Pour
ARBEY	Contre	Contre	Pour	Contre	Contre	Contre	Pour	Contre	Pour	Pour	Pour	Pour
CONSIDÉRANT	Pour	Pour	Absent	Absent	Contre	Contre	Pour	Absent	Pour	Contre	Pour	Absent
MARTIN	Pour	Pour	Absent	Contre	Contre	Pour	Pour	Contre	Pour	Contre	Pour	Contre
MICHOT	Pour	Pour	Pour	Contre	Contre	Pour	Pour	Pour	Pour	Contre	Pour	Contre
PÉAN	Pour	Pour	Pour	Contre		Pour	Contre	Contre	Pour	Contre	Pour	Contre
ROGER	Contre	Absent	Pour	Pour	Pour	Absent	Contre	Absent	Pour	Pour	Contre	Pour
RONDEAU	Contre	Contre	Pour	Contre	Contre	Contre	Pour	Contre	Absent	Contre	Pour	Contre
AMBERT	Contre	Contre	Pour	Pour	Contre	Contre	Contre	Contre	Contre	Pour	Pour	Pour
CARLA	Contre	Contre	Pour	Contre	Contre	Contre	Contre	Contre	Pour	Pour	Pour	Pour
CAVAIGNAC	Absent	Absent	Pour	Contre	Absent	Absent	Absent	Absent	Pour	Contre	Contre	Contre
LABROUSSE	Pour	Absent	Contre	Contre	Contre	Pour	Pour	Pour	Pour	Contre	Pour	Absent
MURAT	Contre	Contre	Pour	Contre	Contre	Contre	Contre	Contre	Absent	Absent	Pour	Pour
ROLLAND	Contre	Contre	Pour	Contre	Pour	Pour	Contre	Contre	Absent	Pour	ab.p.c.	Pour
SAINT-PRIEST	Contre	Contre	Pour	Pour	Pour	Contre	Contre	Contre	Contre	Pour	Absent	Pour

LOT-ET-GARONNE (9 REPRÉSENTANTS).

BAZE, né à Agen en 1800, avocat; il a pris une part très-active tant aux travaux intérieurs qu'aux discussions politiques de l'Ass. (42,645 v.) — Comité de la justice.

BÉRARD, né en 1820, lieutenant d'artillerie, et commissaire du gouv.; il a pris souvent la parole et attaché son nom à l'amend. sur le vote à la commune. (39,248 v.) — Comm. des aff. étrangères.

BOISSIÉ, né en 1806, prop. (42,679 v.) — C. de l'adm. dép. et comm.

DUBRUEL (Gaspard), né en 1805; ancien agent de change, et comm. du gouv. (40,799 v.) — C. de l'Alg. et des col.

LUPPÉ (Irène de), né à Tonneins en 1803; propriétaire. (41,628 v.) — Comité de l'adm. dép. et comm.

MISPOULET, né en 1797, prop. (44,565 v.) — Comité des cultes.

RADOULT-LAFOSSE, né en 1779, gén. (40,027 v.) — C. de la guer.

TARTAS (Émile), né en 1796, général de brigade; a conquis presque tous ses grades en Afrique. (48,504 v.) — Com. de la guerre.

VERGNES (Paul), né en 1798, anc. maire de Marmande. (43,631 v.) — Com. du trav.

LOZÈRE (4 REPRÉSENTANTS).

COMANDRÉ (Édouard), né à Florac en 1791, avocat; chef de bataill. de la garde nationale; il a pris plusieurs fois la parole. (9,196 v.) — Com. des aff. étrangères.

DESMOLLES, né en 1804; agron. (14,560 v.) — Comité de l'adm. dép. et comm.

RENOUARD (Fortuné), né à Mende en 1793; anc. avoué. (8,081 v.) C. de la just.

M. l'abbé **FAYET**, 4e représ. de la Lozère, est député

MAINE-ET-LOIRE (13 REPRÉSENTANTS).

BINEAU, né en 1805; ing. et chef des mines; ancien député; il a pris très-souvent la parole, surtout comme rapp. du budg. de 1848. (118,827 v.) — Com. des finances.

CESBRON-LAVAU (Charles), né à Cholet en 1791; anc. indust. ; agr. m. du cons. gén. ; prés. du cons. des prudh. de Cholet. (59,384 v.) — Com. de l'ag. et du crédit foncier.

DAVID D'ANGERS, sculpteur, auteur du fronton du Panthéon ; ex maire du XIe arrond. de Paris. (72,597 v.) — Com. de l'int.

DUTIER, né en 1793 ; anc. avoué ; anc. député ; maire de Baugé ; m. du cons. gén. (110,913 v.) — Com. de la just.

FALLOUX (de), né à Angers en 1812; anc. député; auteur de *la vie de Louis XVI* et de *la vie de St. Pie V*; il a pris une part très-active à tous les trav. de l'Ass. et est aujourd'hui ministre de l'instruction publique. (58,955 v.)

FARRAN, né en 1791; négociant; ancien député; col. de la garde nat. d'Angers; m. du cons. gén. (116,169 v.) — Com. des fin.

	Proposit. sur les concordats amiables, art. 4	Droit au travail.	Amendement contre l'impôt progressif.	Question des deux chambres.	Vote à la commune.	Question de la Présidence. Amend. Grévy.	Crédit foncier.	Suppression du remplac. milit.	Décret qui fixe à dix les lois organiq.	Proposition Rateau-Laujuin sur la dissolution.	Diminution de l'impôt du sel.	Loi sur les Clubs. Ensemble de l'article 4.
BAZE	Contre	Contre	Pour	Pour	Pour	Contre	Contre	Contre	Contre	Pour	Contre	Pour
BÉRARD		Contre	Pour	Pour	Pour	Contre	Contre	Contre	Contre	Pour	Contre	Pour
BOISSIÉ	ab.p.c.	Contre	Pour	Pour	Pour	Contre	Contre	Contre	Contre	Pour	Contre	Pour
DUBRUEL	Absent	Pour	Absent	Contre	Absent	Pour	Contre	Contre	Pour	Absent	Pour	Absent
LUPPÉ	Contre	Contre	Pour	Pour	Pour	Contre	Contre	Contre	Contre	Pour	Contre	Pour
MISPOULET	ab.p.c.	Contre	Pour	Pour	Contre	Contre	Contre	Contre	Contre	Pour	Contre	Pour
RADOULT-LAFOSSE	Contre	Contre	Pour	Pour	Pour	Contre	Contre	Contre	Contre	Pour	Contre	Pour
TARTAS	Contre	Contre	Pour	Pour	Pour	Contre	Contre	Contre	ab.p.c.	Pour	Contre	Pour
VERGNES	Absent	Contre	Contre	Contre	Contre	Contre	Contre	Pour	Pour	Contre	Contre	Contre
COMANDRÉ	Pour	Contre	Pour	Contre	Contre	Contre	Contre	Contre	Pour	Contre	Pour	
DESMOLLES	Contre	Contre	Pour	Pour	Pour	Contre	Contre	Contre	Contre	Pour	Contre	Pour
RENOUARD	Contre	Contre	Pour	Pour	Pour	Contre	Contre	Contre	Contre	Pour	Contre	Pour
BINEAU	Contre	Contre	Pour	Pour	Contre	Contre	Contre	Contre	Absent	Pour	Contre	Pour
CESBRON-LAVAU	Contre	Contre	Pour	Pour	Pour	Contre	Pour	Contre	Contre	Pour	Contre	Pour
DAVID D'ANGERS	Pour	Pour	Absent	Contre	Contre	Pour	Pour	Pour	Pour	Contre	Pour	Contre
DUTIER	Contre	Contre	Pour	Pour	Contre	Contre	Contre	Contre	ab.p.c.	Pour	Contre	Pour
FALLOUX	Absent	Contre	Pour	Pour	Pour	ab.p.c.	ab.p.c.	Contre	Absent	Pour	Contre	Pour
FARRAN	Contre	Contre	Pour	Pour	Contre	Contre	Contre	Contre	Pour	Pour	Contre	Pour

FRESLON (Alexandre), né à la Flèche en 1808; ex-proc. gén. à la cour d'app. d'Angers; fondateur du *Précurseur de l'Ouest*; ex-min. de l'instruction publique; il est monté plusieurs fois à la tribune. (71,046 v.) — Com. de légis.

GUILLIER DE LA TOUSCHE, médecin; maire d'Angers. (125,033 v.) — Com. des finances.

JOUNEAULX, né en 1775; médecin; ancien député. (97,179 v.) — C. de l'agr. et du créd. fonc.

LEFRANÇOIS, né en 1790; médecin; m. du cons. gén. (62,292 v.) — Com. de l'adm. dép. et comm.

LOUVET (Ch.), né à Saumur en 1806; banquier; m. du cons. gén. (86,842 v.) — Com. des fin.

OUDINOT, né à Bar-le-Duc en 1791; gén. de div. de cavalerie; anc. député; ex-commandant en chef de l'armée des Alpes; Il a proposé et fait adopter récemment un ordre du jour en faveur du ministère. (103,535 v.) — Com. de la guerre.

TESSIÉ DE LA MOTTE, né en 1798; anc. dép. (123,156 v.) — Com. de la marine.

MANCHE (15 REPRÉSENTANTS).

ABRAHAM-DUBOIS, né en 1792; anc. offic.; anc. not.; anc. dép. cons. réf. à la C. des comptes. (81,204 v.) — Com des fin.

BOULATIGNIER, né en 1805; cons. d'Etat; a publié de nombreux travaux sur le droit administratif. (79,302 v.) — Com. des fin.

DELOUCHE, né à Avranches en 1800; avoc. (55,577 v.) — C. de lég.

DEMÉSANGE, né à Mortain en 1800; anc. magistrat (49,000 v.)

DIGUET, né en 1789; mag.; m. du cons. gén. (65,717 v.)—C. de la just.

DUDOUYT, né en 1797; avocat.; sous comm. du gouv. à Coutances. (105,996 v.) — Com. de législ.

ESSARS (des), né en 1797; cons. à la Cour d'app. de Caen. (49,794 v.) — Com. de la just.

GASLONDE, né en 1810; prof. à la fac. de droit de Dijon. (51,500 v.) — Com. des fin.

HAVIN, né en 1799; anc. juge de paix; maire de Thorigny; anc. dép.; l'un des vices-présidents de l'Ass. nat.; Il prend une part très-active à tous les travaux. (110,817 v.) — Prés. du com. de l'ad. dép. et comm.

LAUMONDAIS, né en 1799; anc. juge de paix. (106,898 v.)—C. de lég.

LEMPEREUR, né en 1783; anc. député. (55,261 v.)

FERRÉE (Louis), né à Paris en 1816; direct. du *Siècle*; ex-maire du 3e arrond.; il prend une part très-active aux discus. de l'Ass; il a attaché son nom à plusieurs amendements et à plusieurs ordres du jour. (55,570 v.) — Com. des fin.

TOCQUEVILLE (Henry-Alexis de), né en 1805; anc. magist.; aut. de la *Démocratie en Amérique*; anc. dép.; m. de l'Inst.; il a traité à la trib. plusieurs quest. import. (110,701 v.)—C. de l'inst. pub.

VIEILLARD (Narcisse), né en 1791; anc. offic. d'art.; précepteur de Louis Bonaparte; ex-comm. gén. du g. (117,556 v.) — C. de la g.

M. REIBELL, 15e représentant de la Manche, a donné sa démission.

	Proposit. sur les concordats amiables, art. 4.	Droit au travail.	Amendement contre l'impôt progressif.	Question des deux chambres.	Vote à la commune.	Question de la Présidence. Amend. Grévy.	Crédit foncier.	Suppression du remplac. milit.	Décret qui fixe à dix les lois organiq.	Proposition Rateau-Lanjuin. sur la dissolution.	Diminution de l'impôt du sel.	Loi sur les Clubs. Ensemble de l'article 4.
FRESLON	Contre	Contre	Pour	Pour	Contre	Contre	Contre	Contre	Absent	Pour	Contre	ab.p.c.
GUILLIER DE LA TOUSCHE	Contre	Contre	Pour	Pour	Contre	Contre	Contre	Contre	Absent	Pour	ab.p.c.	ab.p.c.
JOUNEAULX	Contre	Contre	Pour	Pour	Contre	Contre	Contre	Contre	Pour	Pour	Contre	Pour
LEFRANÇOIS	Pour	Pour	Contre	Contre	Contre	Pour	Pour	Pour	Pour	Contre	Pour	Contre
LOUVET	Contre	Contre	Pour	Pour	Contre	Contre	Contre	Contre	Contre	Pour	Contre	Pour
OUDINOT	Absent	ab.p.c.	ab.p.c.	ab.p.c.	ab.p.c.	ab.p.c.	ab.p.c.	ab.p.c.	Absent	Pour	Contre	Pour
TESSIÉ DE LA MOTTE	Contre	Contre	Pour	Pour	Contre	Contre	Contre	Contre	Absent	Pour	Contre	Absent
ABRAHAM-DUBOIS	Contre	Contre	Pour	Pour	Contre	Absent	Contre	Contre	Pour	Pour	Pour	Pour
BOULATIGNIER	Contre	Contre	Pour	Pour	Contre	Contre	Contre	Contre	Pour	Pour	Contre	Pour
DELOUCHE	Pour	Contre	Pour	Contre	Contre	Contre	Contre	Contre	Pour	Contre	Pour	Pour
DEMÉSANGE	Contre	Contre	Pour	Pour	Contre	Contre	Contre	Contre	ab.p.c.	Contre	Pour	Contre
DIGUET	Pour	Contre	Pour	Contre	Contre	Contre	Contre	Contre	ab.p.c.	Contre	Pour	Absent
DUDOUYT	Pour	Contre	Pour	Contre	Contre	Pour	Absent	Contre	ab.p.c.	Contre	Pour	Contre
ESSARS	Contre	Contre	Pour	Contre	Contre	Absent	Contre	Contre	Pour	Contre	Contre	Contre
GASLONDE	Contre	Contre	Pour	Contre	Pour	Contre	Contre	Contre	Contre	Pour	Absent	Contre
HAVIN	Contre	Contre	Pour	Contre	Contre	Absent	Contre	Contre	Pour	Contre	Absent	Contre
LAUMONDAIS	Pour	Contre	Pour	Contre	Contre	Contre	Contre	Contre	ab.p.c.	Contre	Pour	Contre
LEMPEREUR	Pour	Contre	Pour	Contre	Pour	Contre	Contre	Contre	Pour		Absent	
FERRÉE	Pour	Contre	Pour	Pour	Contre	Pour	Contre	Contre	Pour	Pour	Contre	Contre
TOCQUEVILLE	Contre	Contre	ab.p.c.	Pour	Contre	Contre	Contre	Contre	Pour	Pour	Contre	Pour
VIEILLARD	Absent	Contre	Absent	Contre	Contre	Contre	Contre	Contre	Absent	Pour	Absent	Pour

MARNE (7 REPRÉSENTANTS).

AUBERTIN, né en 1814 ; négoc. ; juge au trib. de comm. de Châlons. (63,168 v.) — Sec. du C. du comm. et de l'ind.

BAILLY, né en 1791 ; maire de Sézanne. (71,022 v.)—Com. des aff. étr.

BERTRAND (Jean), né en 1809, m. du cons. municipal de Vitry. (77,207 v.) — Com. des fin.

DÉRODÉ (L. Émile), né en 1812, bâtonn. de l'ordre des avoc. à Reims ; il a pris plusieurs fois la parole. (70,589 v.) — Com. de législ.

FAUCHER (Léon), né en 1804, publiciste ; a été succes. rédact. en chef du *Temps*, du *Constitutionnel* et du *Courrier-Français* ; anc. dép. ; après avoir pris une part active aux discuss. de l'Ass., il a été nommé ministre des trav. pub., puis de l'int. (84,263 v.)

FERRAND, né en 1802, contre-maître dans une manufacture à Reims. (62,168 v) — Com. du trav.

LEBLOND, né à Paris en 1812, avoc. ; ex-subst. du proc. gén. de Paris ; il a attaché son nom à l'amend. qui tendait à faire nommer le présid. de la répub. par l'Ass. const. (48,540 v.) — Com. du tr.

PÉRIGNON, né en 1801, juge au trib. civ. de la Seine ; m. du cons. gén. de la Marne ; anc. dép. ; il a traité à la tribune des quest. d'aff. (82,799 v.) — Com. des aff. étrang.

SOULLIÉ, né en 1795, anc. avoc. à Reims. (46,286 v.) — Com. de lég.

HAUTE-MARNE (7 REPRÉSENTANTS).

CHAUCHARD, né en 1808, s. ch. au ministère de l'inst. pub. ; m. du cons. gén. (39,049 v.) — Com. de l'inst. pub.

COUVREUX, né en 1811, banq. et maire de Langres ; il prend quelquefois la parole. (25,714 v.) — Com. du trav.

DELARBRE, né à Paris en 1801 (30,429. v.)— C. du com. et de l'ind.

MILHOUX, né en 1798, anc. avoc. (30,084 v.) — C. de l'agr. et du c. f.

MONTROL, né en 1798, publ. ; déc. de juil. ; fond. de la *Renommée*, premier journal à 40 fr., puis réd. en chef du *Temps* ; il a pub. plusieurs ouvrages importants ; ex-com. du gouv. ; il prend une part active aux trav. de l'Ass. (51,557 v.)—Com. des aff. étrang.

TOUPOT-DE-BESVAUX, né en 1800, ancien sous-préf. (32,094 v.) — Com. du com. et de l'ind.

WALFERDIN, né en 1795, publ. ; aut. d'un grand nombre de broc. scient. et litt. ; ex-commis. du gouv. ; il s'occupe beaucoup des trav. int. de l'Ass. (31,715 v.) — Com. du com. et de l'ind.

MAYENNE (9 REPRÉSENTANTS).

BIGOT, né en 1805, industriel ; anc. dép. ; comm. du gouv. (77,796 v.) — Com. des trav. pub.

BOUDET, né en 1800, anc. dép. ; ex-cons. d'État ; il prend une part très-active aux disc. int. et pub. de l'Ass. (39,966 v.)—C. de lég.

CHAMBOLLE, réd. en chef du *Siècle*, anc. dép. ; il prend quelquefois la parole. — Com. de l'inst. pub.

CHENAIS, né en 1793, anc. cap. ; anc. dép. (43,992 v.) — Com. de l'Alg. et des col.

	Proposit. sur les concordats amiables, art 4.	Droit au travail.	Amendement contre l'impôt progressif.	Question des deux chambres.	Vote à la commune.	Question de la Présidence. Amend. Grévy.	Crédit foncier.	Suppression du remplac. milit.	Décret qui fixe à dix les lots organiq.	Proposition Rateau-Lanju. sur la dissolution.	Diminution de l'impôt du sel.	Loi sur les Clubs. Ensemble de l'article 4.
AUBERTIN	Pour	Contre	Pour	Contre	Pour	Contre	Contre	Contre	Contre	Pour	Contre	Pour
BAILLY	Absent	Contre	Pour	Contre	Contre	Contre	Contre	Contre	Pour	Pour	Contre	Absent
BERTRAND	Pour	Contre	Pour	Pour	Pour	Contre	Contre	Contre	Contre	Pour	Contre	Pour
DÉRODÉ	Pour	Contre	Contre	Contre	Contre	Pour	Contre	Contre	Pour	Pour	Contre	Absent
FAUCHER	Contre	Contre	Pour	Pour	Contre	Contre	Contre	Contre	Contre	Pour	Absent	Pour
FERRAND	Pour	Pour	Absent	Contre	Pour	Contre	Absent	Contre	Pour	Pour	Absent	Contre
LEBLOND	Pour	Contre	Absent	Contre	Contre	Contre	Contre	Contre	Absent	Pour	Contre	Pour
PÉRIGNON	Absent	Contre	Pour	Contre	Pour	Contre	Contre	Contre	Pour	Pour	Contre	Pour
SOULLIÉ	Contre	Contre	Pour	Pour	Pour	Contre	Contre	Contre	Contre	Pour	Contre	Pour
CHAUCHARD	Contre	Contre	Pour	Pour	Pour	Contre	Contre	Contre	Contre	Pour	Contre	Pour
COUVREUX	Contre	Contre	Pour	Pour	Pour	Pour	Contre	Contre	Contre	Pour	Contre	Pour
DELARBRE	Contre	Contre	Pour	Pour	Pour	Contre	Contre	Contre	Contre	Pour	Contre	Pour
MILHOUX	Contre	Contre	Pour	Contre	Contre	Contre	Absent	Contre	Pour	Pour	Contre	Pour
MONTROL	Absent	Contre	Pour	Contre	Contre	Contre	Pour	Contre	Pour	Pour	Contre	Pour
TOUPOT-DE-BESVAUX	Contre	Contre	Pour	Pour	Pour	Contre	Contre	Contre	Absent	Pour	Contre	Pour
WALFERDIN	Absent	Contre	Pour	Contre	Contre	Contre	Contre	Pour	Pour	Contre	Pour	Contre
BIGOT	Pour	Contre	Pour	Pour	Contre	Contre	Contre	Contre	Contre	Pour	Contre	Absent
BOUDET	Pour	Contre		Contre	Contre	Contre	Contre	Contre	Absent	Pour	Contre	Pour
CHAMBOLLE				Pour	Contre	Contre	Contre	Contre	Pour	Pour	Contre	Pour
CHENAIS	Absent	Absent	Pour	Contre	Contre	Contre	Contre	Pour	Absent	Contre	Absent	Absent

DUBOIS-FRESNEY (Joseph), né en 1812. (53,305 v.)—Com. des t. p.
DUTREIL, né en 1801, cons. de préf. (46,184 v.) — Com. de l'inst.
GOYET-DUBIGNON, né en 1809, président du trib. civ. de Mayenne (60,613 v.)— Com. de l'int.
JAMET (Émile), né en 1799, agric.; sous-comm. du gouv. (70,809 v.)— Com. de l'agr. et du crédit fonc.
ROUSSEL (Jules), né en 1805, maître de forges. (48,488 v.)— C. du trav.

MEURTHE (11 REPRÉSENTANTS).

ADELSWAERD (d'), né en Suède en 1810, cap. d'état-major; il a pris une part très-active à tous les trav. de l'Ass. (42,123 v.) — Com. de l'Algérie et des colonies.
CHABRON fils, né en 1798, anc. not. (70,614 v.)— Com. de l'inst. pub.
DELUDRE, né en 1800, anc. offic.; anc. député; en juin il accompagnait le général Bréa à la barrière Fontainebleau, comme parlementaire de l'Ass. nat. (92,262 v.) — Com. de la guerre.
FERRY, né en 1803, propriét. (63,130 v.) — Com. de l'inst. pub.
LAFLIZE, né en 1798, avocat à Nancy. (88,857 v.)— Com. de législ.
LECLERC, né en 1800, ouv. serrurier. (75,065 v.) — Com. de la guerre.
LIOUVILLE, né en 1812, membre de l'instit.; il a publié un grand nombre d'ouvrages scientifiques. (96,087 v.) — Com. des fin.
MARCHAL, né en 1789, not.; ancien député; il a pris une part très-active aux travaux des anciennes chambres et de l'Ass. nation. (97,856 v.) — Com. des fin.
SAINT-OUEN, né en 1798, avocat; ex-comm. du gouv. (84,713 v.) — Com. de l'intérieur.
VIOX, né en 1803, ex-sous-commissaire du gouvern. (70,848 v.) — Com. de l'instruction publique.
VOGIN, né en 1809, propriét. (63,401 v.) — Com. des trav. pub.

MEUSE (8 REPRÉSENTANTS).

BUVIGNIER (Isidore), né en 1810, avocat; il a pris une part très-active aux trav. et aux discussions de l'Ass. nat., surtout dans les hautes questions polit. (20,681 v.) — Com. des aff. étrang.
CHADENET, né en 1798, avocat. (37,260 v.) — Com. de l'administrat. dép. et comm.
ÉTIENNE, né en 1801, cons. référ. à la cour des comptes; anc. député; membre de plusieurs commissions; il a souvent pris la parole. (38,111 v.) — Vice-prés. du com. des fin.
GILLON (Paulin), né en 1797, maire de Bar; il a pris assez souvent la parole. (36,759 v.) — Com. du trav.
LAUNOIS, né en 1806, anc. cap. (47,569 v.) — Com. de la guerre.
MOREAU, né en 1803, maire de Chaville. (44,339 v.) — Com. de l'agr. et du crédit fonc.
SALMON, né en 1805, proc. de la Répub. à Saint-Mihiel; il a fait partie de plusieurs commiss. (47,207 v.)— Secrét. du com. de l'inst. pub.
M. DEBRAUX, 8e représent. de la Meuse, a donné sa démission.

Nom	Proposit. sur les concordats amiables, art. 4.	Droit au travail.	Amendement contre l'impôt progressif.	Question des deux chambres.	Vote à la commune.	Question de la Présidence. Amend. Grévy.	Crédit foncier.	Suppression du remplac. milit.	Décrets qui fixe à dix les lois organiq.	Proposition Rateau-Laujuin, sur la dissolution.	Diminution de l'impôt du sel.	Loi sur les Clubs. Ensemble de l'article 4.
DUBOIS-FRESNEY	Contre	Contre	Pour	Contre	Contre	Contre	Contre	Contre	ab.p.c.	Contre	Pour	Contre
DUTREIL	Pour	Contre	Pour	Contre	Pour	Contre	Contre	Contre	Contre	Pour	Contre	Pour
GOYET-DUBIGNON	Contre	Contre	Pour	Contre	Contre	Contre	Contre	Contre	Contre	Pour	Contre	Pour
JAMET	Pour	Contre	Pour	Contre	Contre	Contre	Contre	Contre	Pour	Pour	Pour	Pour
ROUSSEL	Pour	Contre	Pour	Pour	Pour	Contre	Contre	Contre	Contre	Pour	Contre	Pour
ADELSWAERD	Contre	Contre	Pour	Pour	Pour	Contre	Contre	Contre	Absent	Pour	Contre	Pour
CHABRON	Contre	Contre	Pour	Pour	Contre	Contre	Contre	Contre	Pour	Contre	Contre	Contre
DELUDRE	Absent	Pour	Contre	Contre	Contre	Contre	Contre	Absent	ab.p.c.	Contre	Pour	Contre
FERRY	Contre	Contre	Absent	Absent	Absent	Absent	ab.p.c.	ab.p.c.	Pour	Contre	Contre	Contre
LAFLIZE	Contre	Pour	Pour	Contre	Contre	Contre	Contre	Contre	ab.p.c.	Contre	Pour	Contre
LECLERC	Contre	Contre	Pour	Contre	Contre	Contre	Contre	Contre	Pour	Contre	Pour	Contre
LIOUVILLE	Contre	Contre	Pour	Contre	Contre	Contre	Contre	Contre	ab.p.c.	Contre	Pour	Absent
MARCHAL	Contre	Contre	Pour	Contre	Contre	Contre	Contre	Contre	Pour	Contre	Contre	Contre
SAINT-OUEN	Contre	Contre	Absent	ab.p.c.	ab.p.c.	ab.p.c.	ab.p.c.	Contre	Pour	Contre	Contre	Contre
VIOX	Contre	Absent	ab.p.c.	ab.p.c.	ab.p.c.	ab.p.c.	ab.p.c.	ab.p.c.	ab.p.c.	Contre	Pour	Contre
VOGIN	Absent	Pour	Pour	Contre	Contre	Contre	Absent	Contre	Pour	Contre	Pour	
BUVIGNIER	Pour	Pour	Contre	Contre	Contre	Pour	Pour	Pour	ab.p.c.	Contre	Pour	Absent
CHADENET	Contre	Contre	Pour	Contre	Contre	Contre	Contre	Contre	ab.p.c.	Pour	Contre	ab.p.c.
ÉTIENNE	Contre	Absent	Pour	Pour	Contre	ab.p.c.	Contre	Contre	Contre	Pour	Contre	Pour
GILLON	Contre	Contre	Pour	Pour	Pour	Contre	Contre	Contre	Contre	Pour	Contre	Pour
LAUNOIS	Contre	Contre	Contre	Contre	Pour	Pour	Contre	Pour	Pour	Contre	Contre	Contre
MOREAU	Pour	Contre	Pour	Pour	Contre	Contre	Contre	Contre	Pour	Pour	Contre	Pour
SALMON	Contre	Contre	Pour	Pour	Contre	Contre	Contre	Contre	Pour	Pour	Contre	Pour

MORBIHAN (12 représentants).

BESLAY, né à Dinan en 1795, industriel à Paris, ex-comm. du gouv. a fait avec succès, dans ses fabriques, de nombreux essais d'association avec ses ouvriers. — Com. du trav.

CRESPEL DE LA TOUSCHE, né en 1808, avoué à Nantes; il a attaché son nom à une propos. en fav. de la liberté de la presse. — Com. des fin. et de l'instr. pub.

DAHIREL, né en 1804, anc. magist.; bâtonnier de l'ordre des avocats à Lorient; il a pris plusieurs fois la parole sur des questions de marine. — Com. de la marine.

DANIÉLO, né en 1808, curé de Guer. — Com. des cultes.

DUBODAN, né en 1794; proc. gén. à la cour de Rennes. — Vice-prés. du com. de l'Alg. et des colonies.

FOURNAS (de), né en 1803, memb. du cons. gén. — Com. de la mar.

HARSCOUET DE SAINT-GEORGES, né en 1781, anc. député. — Com. des aff. étrang.

LEBLANC, né en 1813, ecclésiast. — Com. de l'inst. pub.

PARISIS, né en 1795, évêque de Laugres. — Prés. du com. des cultes.

PERRIEN (Arthur de), né en 1792, anc. offic. — Com. des aff. étrang.

PIOGER (de), né en 1816, publiciste. — Com. de la guerre et de l'inst. p.

ROCHEJAQUELEIN (de la), né en 1805, anc. offic.; anc. député; a pris tant à la chambre qu'à l'Ass. nat. une part très-active aux discussions parlementaires. — Com. des aff. étrang.

MOSELLE (11 représentants).

ANTOINE, né en 1793, anc. brasseur à Metz; il s'est fait connaître par sa proposit. d'impôt sur les vêtements. (69,937 v.) — Com. du comm. et de l'ind.

BARDIN, né en 1791, direct. d'une école d'arts et métiers. (77,078 v.) — Com. de l'inst. pub.

DESHAYES, né en 1802, ancien magistrat. (92,526 v.) — Comité de l'adm. dép. et comm.

ESPAGNE (d'), né en 1795, propriét. (78,525 v.) — Com. de l'agr.

JEAN-REYNAUD, né en 1806, anc. ingén. des mines; nommé par le gouv. prov.; présid. de la haute comm. de l'inst. pub. (77,087 v.) — Com. de l'inst. pub.

LABBÉ, né en 1800, anc. not.; m. du cons. gén. (92,638 v.) — Secrét. du com. du comm. et de l'ind.

PONCELET, né en 1788, général; gouverneur de l'École polytechnique. (93,252 v.) — Com. de l'inst. pub.

ROLLAND (Gustave), remplace M. Dornès, tué en juin.

TOTAIN, né en 1790, anc. soldat; ouv. maçon. (91,470 v.) — Com. de l'Algérie et des colonies.

VALETTE, né en 1804, anc. magist. (78,980 v.) — Com. de l'inst. pub.

WOIRHAYE, né en 1798, proc. gén.; prend une part très-active à tous les trav. (94,582 v.) — Com. de l'int.

	Proposit. sur les concordats amiables, art. 4.	Droit au travail.	Amendement contre l'impôt progressif.	Question des deux chambres.	Vote à la commune.	Question de la Présidence. Amend. Grevy.	Crédit foncier.	Suppression du remplac. milit.	Décret qui fixe à dix les lois organiq.	Proposition Rateau-Lagenie sur la dissolution.	Diminution de l'impôt du sel.	Loi sur les Clubs. Ensemble de l'article 1.
BESLAY	Pour	Contre	Pour	Contre	Pour	Contre	Contre	Contre	Contre	Pour	Pour	Absent
CRESPEL DE LA TOUSCHE	Absent	Contre	Pour	Pour	Pour	Contre	Contre	Absent	Contre	Absent	Pour	Pour
DAHIREL	Contre	Contre	Pour	Pour	Pour	Contre	Contre	Contre	ab.p.c.	Pour	Pour	Pour
DANIÉLO	Contre	Contre	Pour	Contre	Pour	Coute	Contre	Contre	Contre	Pour	Pour	Pour
DUBODAN	Contre	Contre	Pour	Pour	Pour	Contre	Contre	Contre	Contre	Pour	Contre	Pour
FOURNAS	Pour	Contre	Pour	Contre	Pour	Contre	Contre	Contre	Absent	Pour	Pour	ab.p.c.
HARSCOUET DE SAINT-GEORGES	Contre	Absent	Pour	Pour	Pour	Contre	Contre	Contre	Contre	Pour	Contre	Pour
LEBLANC	Contre	Contre	Pour	Pour	Pour	Contre	Contre	Contre	Contre	Pour	Pour	Pour
PARISIS	Contre	Absent	Absent	Pour	Pour	Contre	Contre	Contre	ab.p.c.	Pour	Absent	Pour
PERRIEN	Contre	Contre	Pour	Pour	Pour	Contre	Contre	Contre	ab.p.c.	Pour	Contre	Pour
PIOGER	Contre	Contre	Pour	Pour	Pour	Contre	Contre	Contre	Contre	Pour	Pour	Pour
ROCHEJAQUELEIN	Absent	Contre	Pour	Pour	Pour	Pour	Contre	Contre	Absent	Pour	Contre	ab.p.c.
ANTOINE	Pour	ab.p.c.	ab.p.c.	Contre	Contre	Pour	Contre	Contre	Pour	Contre	Pour	Contre
BARDIN	Contre	Contre	Pour	Contre	Contre	Contre	Contre	Contre	Pour	Contre	Contre	Contre
DESHAYES	Contre	Contre	Pour	Contre	Contre	Contre	Contre	Contre	Pour	Pour	Contre	Pour
ESPAGNE	Pour	Pour	Contre	Contre	Contre	Contre	Pour	Contre	Pour	Contre	Pour	Contre
JEAN-REYNAUD	Contre	Contre	Pour	Contre	Absent	Contre	Contre	Contre	Pour	Sontre	Pour	Contre
LABBÉ	Contre	Contre	Pour	Contre	Contre	Contre	Contre	Contre	Pour	Pour	Contre	Pour
PONCELET	Contre	Contre	Pour	Contre	Contre	Contre	Contre	Contre	Pour	Pour	Contre	Pour
ROLLAND									Pour	Pour	Contre	Pour
TOTAIN	Pour	Contre	Pour	Contre	Contre	Contre	Contre	Contre	Pour	Pour	Pour	Absent
VALETTE	Contre	Contre	Pour	Contre	Contre	Contre	Contre	Contre	Pour	ab.p.c.	Absent	
WOIRHAYE	Contre	Contre	Pour	Contre	Contre	Contre	Contre	Contre	Pour	Pour	Contre	Pour

NIÈVRE (8 REPRÉSENTANTS).

ARCHAMBAULT, né en 1793, maire. (33,114 v.) — Com. du comm.
DUPIN aîné, né en 1783. proc. gén. à la Cour de cass.; ancien député; longtemps président de la Chambre; a pris une part très-active tant à la Chambre qu'à l'Ass. nat. aux travaux intérieurs et aux débats publics. (24,140 v.) — Com. de législ.
GAMBON, né en 1820, juge suppléant; prend quelquefois la parole. (29,514 v.) — Com. de l'int.
GIRERD, né en 1801, av. à Nevers; plusieurs fois bâtonnier; m. du cons. gén.; préfet; il est monté assez souvent à la tribune. (60,873 v.)
GRANGIER DE LA MARINIÈRE, né en 1814. (29,756 v.) — Com. de l'agr.
LAFONTAINE, né en 1792, gén. de brig. (25,512 v.) — Com. de la g.
MANUEL, né en 1791, banquier. (42,175 v.) — Vice-présid. du com. de l'adm. dép. et comm.
MARTIN (Émile), né en 1796, anc. offic. d'artill. (33,114 v.) — Com. des travaux. pub.

NORD (28 REPRÉSENTANTS).

ANTONY-THOURET, né en 1807, homme de lettres; ex-comm. du gouv.; il a pris plusieurs fois la parole. — Com. de l'adm. dép.
AUBRY, né en 1789, anc. not.; anc. ingén. (93,656 v.) — Com. des fin.
BONTE-POLLET, né en 1779; maire de Lille. (167,884 v.) — Com. des finances.
BOULANGER, né en 1800, cultivat. (181,919 v.) — Com. de l'agr.
CHOQUE, né en 1806, anc. not.; anc. dép. (191,875 v.) — Com. des fin.
CORNE, né en 1809, anc. député; proc. de la Répub. (199,935 v.) — Com. de législation.
DELESPAUL, né en 1802, anc. dép.; subsit. du proc. gén. (187,488 v.) — Com. de l'int.
DESCAT, né en 1800, teinturier. (144,794 v.) — Com. du comm.
DESMOUTIERS, né en 1810, agronome. (180,109 v.) — Com. du comm.
DESURMONT, né en 1812, cultivateur. (125,591 v.) — Com. de l'agr.
DOLLEZ, né en 1814, cultivateur. (126,237 v.) — Com. des trav. publics.
DUFONT, né en 1807, anc. notaire. (97,017 v.) — Com. des trav. pub.
DUQUESNE, né en 1799; anc. maire. (153,276 v.) — Com. du comm.
FAREZ, né en 1793, avocat; command. de la garde nat. de Cambrai. (127,447 v.) — Com. de l'adm. dép. et comm.
GIRAUDON, né en 1811, ouvrier. (120,848 v.) — Com. du trav.
HANNOYE, né en 1800, avocat à Avesnes; bâtonnier; memb. du cons. gén. (211,047 v.) — Com. de l'adm. dép. et comm.
HEDDEBAULT, né en 1803, agric. (119,605 v.) — Com. de l'adm. dép.
HURÉ, né en 1802, publiciste; avec. bâtonnier à Douai; proc. général à Amiens; prend souvent la parole. (167,836 v.) — Com. de législ.
LEMAIRE (André), né en 1798, comm. de la garde nat. de Dunkerque. (127,590 v.) — Com. de l'int.

Représentant	Proposit. sur les concordats amiables, art. 4.	Droit au travail.	Amendement contre l'impôt progressif.	Question des deux chambres.	Vote à la commune.	Question de la Présidence. Amend. Grévy.	Crédit foncier.	Suppression du remplac. milit.	Décret qui fixe à dix les lois organiq.	Proposition Rateau-Lanjuin. sur la dissolation.	Diminution de l'impôt du sel.	Loi sur les Clubs Ensemble de l'article 4.
ARCHAMBAULT	Absent	Contre	Pour	Pour	Contre	Contre	ab.p.c.	Contre	Absent	Pour	Pour	Pour
DUPIN	Absent	Contre	Absent	Contre	Contre	Contre	Contre	Contre	Absent	Pour	Contre	Pour
GAMBON	Pour	Absent	Contre	Contre	Contre	Pour	Pour	Pour	ab.p.c.	Contre	Pour	Absent
GIRERD	Pour	Contre	Pour	Contre	Contre	Contre	Contre	Absent	Pour	ab.p.c.	Absent	ab.p.c.
GRANGIER DE LA MARINIÈRE	Contre	ab.p.c.	Pour	Pour	Pour	Contre	Contre	Contre	Contre	Pour	Contre	Pour
LAFONTAINE	ab.p.c.	ab.p.c.	Pour	Contre	Pour	Contre	Contre	Contre	Absent	Pour	Contre	ab.p.c.
MANUEL		Contre	Absent	Pour	Contre	Contre	Contre	Contre	ab.p.c.	Pour	Contre	Pour
MARTIN	Contre	Contre	Pour	Contre	Contre	ab.p.c.	Contre	Contre	Pour	Pour	ab.p.c.	Pour
ANTONY-THOURET	Absent	Contre	Pour	Contre	Contre	Contre	Contre	Contre	ab.p.c.	Contre	Pour	ab.p.c.
AUBRY	Pour	Contre	Pour	Pour	Contre	Contre	Contre	Contre	ab.p.c.	Contre	Contre	Contre
BONTE-POLLET	ab.p.c.	Contre	Pour	Contre	Contre	Contre	Contre	Contre	Pour	ab.p.c.	Pour	Contre
BOULANGER	Contre	Contre	Pour	Conter	Contre	Contre	Pour	Contre	Absent	Pour	Pour	Pour
CHOQUE	Contre	Rentre	Pour	Contre	Contre	Contre	Contre	Contre	Pour	Pour	Contre	Pour
CORNE	Contre	Contre	Pour	Contre	Contre	Contre	Contre	Contre	Pour	Pour	Contre	ab.p.c.
DELESPAUL	Pour	Contre	Pour	Contro	Contre	Pour	Contre	Contre	Pour	Contre	Contre	Pour
DESCAT	Contre	Contre	Pour	Contre	Pour	Contre	Contre	Contre	Pour	Pour	Contre	Pour
DESMOUTIERS	Contre	Contre	Pour	Contre	Contre	Contre	Contre	Contre	Pour	Contre	Contre	Contre
DESURMONT	Contre	Contre	Pour	Contre	Contre	Contre	Pour	Contre	Pour	Contre	Contre	Contre
DOLLEZ	Contre	Contre	Pour	Contre	Contre	Contre	Contre	Contre	Absent	Contre	Pour	Contre
DUFONT	Pour	Contre	Pour	Contre	Contre	Contre	Contre	Contre	Absent	Contre	Contre	Contre
DUQUESNE	Contre	Contre	Absent	Pour	Contre	Contre	Contre	Contre	ab.p.c.	Pour	Contre	Pour
FAREZ	Contre	Contre	Pour	Contre	Contre	Contre	Contre	Contre	ab.p.c.	Pour	Contre	Pour
GIRAUDON	Pour	Contre	Pour	Contre	Contre	Contre	Contre	Pour	Pour	Contre	Pour	Contre
HANNOYE	Contre	Contre	Pour	Contre	Contre	Contre	Contre	Contre	Absent	Contre	Absent	Absent
HEDDEBAULT	Contre	Absent	Pour	Contre	Contre	Contre	Pour	Contre	ab.p.c.	Contre	ab.p.c.	Contre
HURÉ	Pour	Contre	Pour	Contre	Contre	Absent	Contre	Contre	Pour	Absent	Contre	ab.p.c.
LEMAIRE	Contre	Contre	Pour	Contre	Contre	Contre	Contre	Contre	Pour	Pour	Contre	Pour

LENGLET, né en 1796, magist. l'un des fondat. du *Progrès du Pas-de-Calais*; est monté souvent à la tribune. (118,013 v.) — Com. de l'instr. pub.

LOISET, né en 1797, médec. vét. (170,919 v.)—Com. de l'agr. et du c. f.

MALO, né en 1804, armateur. (174,587 v.) — Com. de la marine.

MOUTON, né en 1805, m. du cons. gén. (114,967 v.)— Com. des fin.

NÉGRIER, colonel, remplace le général Négrier tué en juin.— Com. de la guerre.

FUREUR, né en 1798, notaire; maire de Condé; il a attaché son nom à diverses propositions. (174,942 v.) — Com. de l'adm. dép.

REGNARD, né en 1805, avocat (177,669 v.) — Com. de la justice.

SERLOOTEN, né en 1809, prop. (171,360 v.) — Com. de la marine.

VENDOIS, né en 1794, méd. (170,600 v.) — Com. de l'inst. publique.

OISE (10 REPRÉSENTANTS).

BARILLON, né en 1801, avoc. à Paris; anc. dép.; m. du cons. gén. de l'Oise. (92,588 v.) — Com. des fin.

DÉSORMES, né en 1777, chim. (51,496 v.) — Com. de l'ad. dép. et c.

FLYE, né en 1785, anc. not. (53,422 v.)— Com. de l'adm. dép. et comm.

GÉRARD, né en 1808, agr. (66,831 v.) — Com. de l'agr. et du créd. f.

LAGACHE, né en 1809, sténog. (72,732 v.) — Sec. du Com. dép. et c.

LEROUX (Émile), né en 1803, anc. not.; maire de Beauvais; a pris souvent la parole, surtout comme rapp. (77,131 v.)—Sec. du C. de la j.

MARQUIS (Donatien), né en 1789, anc. offic.; m. du cons. gén.; anc. dép.; il est monté souvent à la trib. (82,323 v.) — C. de l'ad. d.

MORNAY (Jules de), né en 1798, anc. offic.; m. du cons. g.; anc. dép.; il prend quelquefois la parole. (57,887 v.)—Prés. du C. des aff. ét.

SAINTE-BEUVE, né en 1819, indust.; agron.; il prend une part active aux travaux de l'Ass. (48,332 v.) — Com. des fin.

TONDU-DU-METZ, né en 1789, anc. maire. (43,332 v.) — C. de lég.

ORNE (11 REPRÉSENTANTS).

CHARENCEY (de), ex-subst à Paris; m. du cons. gén.; il prend souvent la parole. — Com. des cultes.

CORCELLES (de), né en 1801, anc. dép., a eu une mission diplomat. importante auprès du pape. — Com. des fin.

CURIAL, né en 1810, anc. offic. de cavalerie. — Com. de la guerre.

DRUET-DESVAUX, né en 1793, anc. insp. des forêts —Com. des fin.

GIGON-LABERTRIE, né en 1794, anc. dép.—Com. de l'ad. dép. et c.

GUÉRIN, né en 1805, capit. du génie. — Com. des trav. pub.

HAMARD, anc. av.; agron; a pris souvent la parole et attaché son nom à une proposition sur le créd. fonc. — Com. de la marine.

PIQUET, né en 1815, maire de Mortagne. — Com. de la just.

TRACY (Destut de), né en 1781, anc. col.; anc. dép.; min. de la mar.; il a pris assez souvent la parole à la Chambre et à l'Assemblée.

SIMPHOR-VAUBORÉ. — Com. des cultes.

M. **BALLOT**, 11ᵉ représent. de l'Orne, est décédé.

Nom	Proposit. sur les concordats amiables, art. 4.	Droit au travail.	Amendement contre l'impôt progressif.	Question des deux chambres.	Vote à la commune.	Question de la Présidence. Amend. Grévy.	Crédit foncier.	Suppression du remplac. milit.	Décret qui fixe à dix les lois organiq.	Proposition Rateau-Lanjuin. sur la dissolution.	Diminution de l'impôt du sel.	Loi sur les Clubs. Ensemble de l'article 4.
LENGLET	ab.p.e.	Contre	Pour	Contre	Contre	Contre	Absent	Contre	Pour	Absent	Pour	Contre
LOISET		Contre	Pour	Contre	Contre	Contre	Pour	Contre	Absent	Contre	Pour	Contre
MALO	Pour	Contre	Pour	Contre	Pour	Contre	Contre	Pour	Pour	Contre	Absent	Contre
MOUTON	Contre	Contre	Pour	Contre	Contre	Contre	Contre	Contre	ab.p.e.	Absent	Absent	ab.p.e.
NÉGRIER				Contre	Contre	Contre	Contre	Contre	Pour	ab.p.e.	Pour	Pour
FUREUR	Pour	Contre	Pour	Contre	Contre	Pour	Contre	Contre	ab.p.e.	Contre	Pour	Contre
REGNARD	Pour	Absent	Absent	Contre	Contre	Contre	Absent	Contre	ab.p.e.	Contre	Contre	Contre
SERLOOTEN	Pour	Pour	Pour	Contre	Contre	Contre	Contre	Pour	Pour	Contre	Pour	Contre
VENDOIS	Contre	Contre	Pour	Contre	Contre	Contre	Contre	Contre	Absent	Contre	Pour	Contre
BARILLON	Contre	Contre	Pour	Pour	Contre	Contre	Contre	Contre	Absent	Pour	Contre	Pour
DÉSORMES	Pour	Contre	Pour	Contre	Pour	Pour	Contre	Contre	Pour	Contre	Pour	Contre
FLYE	Pour	Contre	Pour	Contre	Contre	Contre	Contre	Contre	Pour	Contre	Pour	Contre
GÉRARD	Contre	Contre	Pour	Contre	Pour	Contre	Contre	Contre	Absent	Pour	Contre	Pour
LAGACHE	Pour	Contre	Pour	Contre	Pour	Contre	Contre	Contre	Absent	Pour	Contre	Contre
LEROUX	Pour	Contre	Pour	Contre	Contre	Contre	Contre	ab.p.e.	Absent	Pour	Contre	Pour
MARQUIS	Pour	Contre	Pour	Contre	Contre	Contre	Contre	Contre	Absent	Pour	Contre	Pour
MORNAY	Absent	Contre	Pour	Pour	Contre	Contre	Contre	Contre	Absent	Pour	Absent	Absent
SAINTE-BEUVE	Contre	Contre	Pour	Pour	Pour	Contre	Contre	Contre	Pour	Pour	Contre	Pour
TONDU-DU-METZ	Contre	Contre	Pour	Pour	Contre	Contre	Contre	Contre	ab.p.e.	Pour	Contre	Pour
CHARENCEY	Contre	Contre	Pour	Pour	Pour	Contre	Contre	Contre	Absent	Pour	Absent	Pour
CORCELLES	Contre	Contre	Pour	Pour	Pour	Contre	Contre	Contre	Absent	Pour	Contre	Pour
CURIAL	Absent	Contre	Pour	Pour	Pour	Contre	Contre	Contre	ab.p.e.	Pour	Contre	Pour
DRUET-DESVAUX	Absent	Contre	Pour	Pour	Pour	Contre	Contre	Contre	Contre	Pour	Contre	Pour
GIGON-LABERTRIE	Pour	Contre	Pour	Contre	Contre	Contre	Contre	Contre	Pour	ab.p.e.	Contre	Pour
GUÉRIN	Pour	Contre	Contre	Contre	Contre	Contre	Contre	Pour	Pour	Contre	Pour	Contre
HAMARD	Contre	Absent	Pour	Contre	Contre	Pour	Pour	Contre	Pour	Contre	Pour	Contre
PIQUET	Contre	Contre	Absent	Pour	Pour	Contre	Contre	Contre	Pour	Pour	Contre	Pour
TRACY	Pour	Contre	Pour	Pour	Pour	Contre	Contre	Contre	Contre	Pour	Contre	Pour
SIMPHOR-VAUBORÉ					Pour	Contre	Contre	Contre	Contre	Pour	Contre	Pour

PAS-DE-CALAIS (17 REPRÉSENTANTS).

BELLART-DAMBRICOURT, né en 1706. (78,381 v.)—C. du com. et de l'indust.

CARY, né en 1793, publiciste. (78,809 v.) — Com. de la mar.

CORNILLE, né en 1788, magist. (78,768 v.) — Com. des cultes.

DEGEORGE, né en 1797, anc. sous-offic.; rédact. en chef du *Progrès du Pas-de-Calais.* (95,192 v.)

DENISSEL, né en 1818, industriel. (71,463 v.) — Com. des trav. pub.

EMMERY, né en 1815, ing. des ponts et chaus. (81,929 v.) — Sec. du C. des trav. pub.

FOURMENTIN, né en 1801, chim. (75,618 v.) — Com. du c. et l'ind.

FRÉCHON, né en 1804, chanoine à Arras. (74,655 v.) — C. des cult.

HÉREMBAULT (d') né en 1797, avoc. anc. député. (84,807 v.) —Com. de l'int.

LANTOINE-HARDUIN, né en 1791, brasseur. (78,791 v.) — Com. du comm. et de l'ind.

LEBLEU, né en 1804, cap. du gén. (75,304 v.) — Com. de la guerre.

OLIVIER, né en 1792, anc. cap.; anc. dép. (75,105 v.) — Com. de la g.

PETIT (de Bryas), né en 1787, agron. (100,262 v.) — Com. des aff. ét.

PIÉRON, né en 1796, cons. à la c. d'ap. de Paris; anc. dép. (130,207v.) Com. de la just.

PIERRET, né en 1801, anc. avoué. (76,972 v.) —C. du c. et de l'ind.

SAINT-AMOUR, né en 1800, publiciste. (75,591 v.) — Com. de l'int.

M. LENGLET, 17e représentant du P. de Cal. a donné sa démission.

PUY-DE-DOME (15 REPRÉSENTANTS).

ALTAROCHE, né en 1800, ex-rédact. en chef du *Charivari*; ex-com. gén. du gouv. (110,033 v.) — Com. des aff. étr.

ASTAIX, né en 1808, nég. (46,333 v.) — Com. des trav. pub.

BAUDET-LAFARGE, né en 1804, anc. s.-préf. (74,810 v.) — Com. de l'agr. et du créd. fonc.

BRAVARD (Toussaint), né en 1801, méd.; comm. gén. du gouvernement. (48,088 v.) — Com. de l'Alg. et des colonies.

BRAVARD-VEYRIÈRES, né en 1801, doyen de la faculté de droit de Paris; il a traité souvent à la tribune des questions de droit. (50,812 v.) — Com. de lég.

CHARRAS, né en 1808, anc. réd. du *National*; ex-min. de la guerre. (82,786 v.) — Com. de la guerre.

COMBAREL-DE-LEYVAL, né en 1808, m. du cons. gén.; anc. dép. (55,552 v.) — Com. des fin.

GIROT-POUZOL, né en 1794, anc. dép. (60,639 v.) — C. de l'agr.

GOUTTAI, né en 1801, avoc. (49,099 v.) — Com. des fin.

JOUVET, né en 1796, avoc. (107,624 v.) — Com. de la just.

JUSSERAND, né en 1788, méd. (58,060 v.) — C. de l'agr. et du c. f.

LASTEYRAS, né en 1805, anc. pharm. (52,625 v.) — Com. du comm. et de l'ind.

	Proposit. sur les concordats amiables, art. 4.	Droit au travail.	Amendement contre l'impôt progressif.	Question des deux chambres.	Vote à la commune.	Question de la Présidence. Amend. Grévy.	Crédit foncier.	Suppression du remplac. milit.	Décret qui fixe à dix les lois organiq.	Proposition Rateau-Lanjuin. sur la dissolution.	Diminution de l'impôt du sel.	Loi sur les Clubs. Ensemble de l'article 1.
BELLART-DAMBRICOURT	Contre	Contre	Pour	Pour	Pour	Contre	Contre	Contre	Absent	ab.p.c.	Pour	ab.p.c.
CARY	Contre	Contre	Pour	Contre	Contre	Contre	Contre	Contre	ab.p.c.	Contre	Pour	Contre
CORNILLE	Absent	Contre	Pour	Contre	Absent	Contre	Contre	Contre	Absent	Contre	Absent	Contre
DEGEORGE	Contre	Pour	Contre	Contre	Contre	Contre	Contre	Contre	Pour	Contre	Pour	Contre
DENISSEL	Contre	Contre	Pour	Pour	Pour	Contre	Contre	Contre	Absent	Pour	Absent	Pour
EMMERY	Contre	Contre	Pour	Contre	Contre	Contre	Contre	Contre	Pour	Pour	Pour	Contre
FOURMENTIN	Contre	Contre	Pour	Contre	Absent	Contre	Contre	Contre	Pour	Pour	Pour	Pour
FRÉCHON	Contre	Contre	Pour	Pour	Pour	Contre	Contre	Contre	Absent	Pour	Contre	Pour
HÉREMBAULT	Contre	Contre	Pour	Pour	Pour	Contre	Contre	Contre	Contre	Pour	Contre	Pour
LANTOINE-HARDUIN	Contre	Contre	Pour	Pour	Pour	Contre	Contre	Contre	Contre	Absent	Absent	Pour
LEBLEU	Contre	Contre	Pour	Contre	Pour	Contre	Contre	Contre	Pour	Contre	Contre	Pour
OLIVIER	Contre	Contre	Pour	Contre	Contre	Contre	Contre	Contre	Pour	Contre	Pour	Contre
PETIT	Contre	Absent	Pour	Contre	Pour	Contre	Contre	Contre	Pour	Pour	Absent	Contre
PIÉRON	Contre	Contre	Pour	Pour	Contre	Contre	Contre	Contre	Pour	Pour	Contre	Pour
PIERRET	Contre	Contre	Pour	Contre	Contre	Contre	Absent	Contre	ab.p.c.	Absent	Pour	ab.p.c.
SAINT-AMOUR	Contre	Contre	Pour	Pour	Pour	Contre	Contre	Contre	Absent	Pour	Absent	Pour
ALTAROCHE	Contre	Absent	Pour	Contre	Contre	Contre	Contre	Contre	Pour	Pour	Contre	Pour
ASTAIX	Pour	Pour	Contre	Contre	Contre	Pour	Pour	Pour	Pour	Contre	Pour	Absent
BAUDET-LAFARGE	Absent	Contre	Pour	Contre	Contre	Contre	Pour	Contre	ab.p.c.	Pour	Pour	Pour
BRAVARD	Pour	Pour	Contre	Contre	Contre	Pour	Pour	Pour	ab.p.c.	Contre	Pour	Contre
BRAVARD-VEYRIÈRES	Contre	Contre	Pour	Contre	Contre	Contre	Contre	Contre	Contre	Pour	Contre	Pour
CHARRAS	Pour	Absent	Pour	Contre	Contre	ab.p.c.	Contre	Pour	Absent	Contre	Pour	Absent
COMBAREL-DE-LEYVAL	Absent	Contre	Pour	Pour	Pour	Contre	Contre	Contre	Contre	Pour	Contre	Pour
GIROT-POUZOL	Contre	Contre	Pour	Contre	Contre	Contre	Contre	Contre	Absent	Pour	Contre	ab.p.c.
GOUTTAI	Contre	Contre	Pour	Contre	Contre	Contre	Contre	Contre	ab.p.c.	Contre	Pour	Contre
JOUVET	Pour	Contre	Pour	Contre	Contre	Contre	Contre	Contre	ab.p.c.	Pour	Pour	Contre
JUSSERAND	Contre	Contre	Pour	Contre	Contre	Contre	Contre	ab.p.c.	ab.p.c.	Pour	Contre	Pour
LASTEYRAS	Pour	Pour	Contre	Contre	Contre	Pour	Absent	Pour	Pour	Contre	Pour	Absent

LAVIGNE, né en 1809, anc. not.; sous comm. du gouver. (67,678 v.) — Com. de la mar.

ROUHER, né en 1806, avoc.; il est monté souvent à la tribune. (48,282 v.) — Com. du trav.

TRÉLAT, né en 1795, méd.; anc. réd. du *National*, ex-ministre des trav. pub. (70.460 v.) — Com. des trav. pub.

BASSES-PYRÉNÉES (11 REPRÉSENTANTS).

BARTHE (Marcel), né en 1811, avocat; publiciste; il a prononcé plusieurs discours. — Sec. du com. de l'inst. pub.

BOUTOEY, né en 1803; avoc. (64,232 v.) — Com. de lég.

CONDOU, né en 1800, avocat. (67,167 v.) — Com. des trav. pub.

DARISTE, né en 1807, m. du c. gén. (Com. de l'Alg. et des col.

ETCHEVERRY, né en 1801, not. (41,473 v.) — Com. de la mar.

LAUSSAT (de), né en 1795, anc. offic. (41,183 v.) — C. de l'agr.

LEREMBOURE, né en 1798, avoc.; s. comm. du gouv.; il est monté quelquefois à la tribune. (55,178 v.) — Com. de l'int.

LESTAPIS, né en 1814, anc. cap. d'Ét. maj. (43.599 v.) — C. de l'agr.

NOGUÉ, né en 1798, anc. avoc.; comm. du gouv. (40,029 v.)—C. des f.

RENAUD, né en 1810, nég. (60,521 v.) — Com. des cultes.

SAINT-GAUDENS, né en 1794, avoc.; s. comm. du gouv.; il a pris plusieurs fois la parole. (45,507 v.) — Com. de la just.

HAUTES-PYRÉNÉES (6 REPRÉSENTANTS).

CÉNAC, né en 1799, méd. (20,066 v.) — C. des cultes.

DEVILLE, né en 1788, anc. cap.; il est monté plusieurs fois à la trib. et a présenté divers amendements. (17,773 v.)—Com. des aff. ét.

DUBARRY, né en 1807, avoc. (30,354 v.) — Com. de la guerre.

LACAZE (Bernard), né en 1799, avoc.; il a pris quelquefois la parole. (27,956 v.) — Com. du lég.

RECURT, méd.; ex-ministre de l'int.; ex-préfet de la Seine, l'un des vice-prés. de l'Ass. nat. (25,987 v.)

VIGNERTE, né en 1806, avoc.; anc. détenu politique. (38,766 v.) — Com. des aff. étr.

PYRÉNÉES-ORIENTALES (5 REPRÉSENTANTS).

ARAGO (Emmanuel), né en 1814, avoc.; fils de l'astronome; ex-comm. du gouv. ex-ambass. à Berlin; il monte souvent à la tribune. (29,363 v.) — Com. des aff. étr.

ARAGO (Étienne), né en 1799, hom. de let.; rédact. de *la Réforme*; ex-direct. gén. des postes. (25,354 v.) — Com. de la mar.

GUITER, né en 1798, not.; comm. du gouv. (30,540 v.)—C. de l'ad. d.

LEFRANC, né en 1815, publiciste. (14,704 v.) — Com. des fin.

PICAS, né en 1803, avocat.

BAS-RHIN (15 REPRÉSENTANTS).

BOUSSINGAULT, né en 1796, chimiste. (64,134 v.) — Com. du trav.

	Proposit. sur les concordats amiables, art. 4.	Droit au travail.	Amendement contre l'impôt progressif.	Question des deux chambres.	Vote à la commune.	Question de la Présidence. Amend. Grévy.	Crédit foncier.	Suppression du remplac. milit.	Décret qui fixe à dix les lois organiq.	Proposition Rateau-Lanjuin. sur la dissolution.	Diminution de l'impôt du sel.	Loi sur les Clubs. Ensemble de l'article t.
LAVIGNE	Pour	Pour	Pour	Contre	Contre	Contre	Contre	Contre	Absent	Contre	Pour	ab.p.c.
ROUHER	Contre	Contre	Pour	Pour	Pour	Contre	Contre	Contre	Pour	Pour	Contre	Pour
TRÉLAT	Contre	Contre	Absent	Contre	Contre	Absent	Pour	Pour	Pour	Contre	Absent	ab.p.c.
BARTHE	Contre	Contre	Pour	Contre	Contre	Contre	Contre	Contre	Pour	Pour	Contre	Contre
BOUTOEY	ab.p c.	ab.p.c.	ab.p.c.	ab.p.c.	ab.p.c.	Contre	Contre	Contre	Pour	Pour	Pour	Contre
CONDOU	Contre	Contre	Pour	Pour	Pour	Contre	Contre	Contre	Contre	Pour	Absent	Contre
DARISTE	Contre	ab.p.c.	Pour	Pour	Pour	Contre	Contre	Contre	Contre	Pour	Contre	Pour
ETCHEVERRY	Contre	Contre	Absent	Pour	Pour	Contre	Contre	Contre	Absent	Pour	Contre	Pour
LAUSSAT	Contre	Contre	Pour	Pour	Pour	Contre	Contre	Contre	Contre	Pour	Contre	Pour
LEREMBOURE	Pour	Contre	Pour	Contre	Pour	Pour	Contre	Contre	Pour	Contre	Contre	Contre
LESTAPIS	Contre	Contre	Pour	Contre	Contre	Contre	Contre	Contre	Pour	Pour	Pour	Contre
NOGUÉ	Contre	ab.p.c.	ab.p.c.	ab.p.c.	Pour	Absent	Absent	Contre	ab.p.c.	Pour	Contre	Contre
RENAUD	Pour	Contre	Pour	Contre	Contre	Contre		Contre	Contre	Pour	Pour	Contre
SAINT-GAUDENS	Contre	Pour	Pour	Contre	Contre	Contre	Contre	Pour	Pour	Contre	Pour	Contre
CÉNAC	Pour	Pour	Pour	Contre	Contre	Pour	Absent	Absent	ab.p.c.	Contre	ab.p.c.	Contre
DEVILLE	Pour	Pour	Contre	Contre	Contre	Pour	Pour	Pour	Pour	Contre	Pour	Absent
DUBARRY	Contre	Pour	Contre	Contre	Contre	Pour	Pour	Pour	Pour	Contre	Pour	Contre
LACAZE	Contre	Contre	Pour	Pour	Pour	Contre	Contre	Contre	Contre	Pour	Contre	Pour
RECURT	Contre	Contre	Absent	Contre	Absent	Contre	Contre	Pour	Absent	Contre	Pour	Absent
VIGNERTE	Absent	Pour	Contre	Contre	Contre	Pour	Pour	Pour	Pour	Contre	Absent	Absent
ARAGO (Emmanuel)	Absent	ab.p.c.	ab.p.c.	ab.p.c.	ab.p.c.	ab.p.c.	ab.p.c.	ab.p.c.	ab.p.c.	Contre	ab.p.c.	Contre
ARAGO (Étienne)	Absent	Absent	Pour	Contre	Contre	Pour	Absent	Pour	Pour	Contre	Pour	Contre
GUITER	Pour	Pour	Contre	Contre	Contre	Pour	Pour	ab.p.c.	Pour	Contre	Pour	Contre
LEFRANC	Pour	Pour	Contre	Contre	Contre	Pour	Pour	Pour	Pour	Contre	Pour	Absent
PICAS	Pour	Pour	Pour	Contre	Contre	Contre	Pour	Contre	Pour	Contre	Pour	Absent
BOUSSINGAULT	Contre	Contre	Pour	Contre	Pour	Contre	Contre	Contre	ab.p.c.	Contre	ab.p.c.	Pour

BRUCKNER, né en 1814; cap. d'artill. (16,193 v.)—Com. de la guerre

CHAMPY, né en 1788, propriét. (63,354 v.) — Com. des aff. étrang.

CHAUFFOUR, né en 1820, prof. suppl. à la faculté de droit de Strasbourg; il a pris la parole plusieurs fois. (70,139 v.)—Com. du lég.

DORLAN, né en 1805, avocat. (75,820 v.) — Com. de l'inst. pub.

ENGELHARDT, né en 1796, directeur de forges. (59,939 v.) — Com. du travail

FOY, né en 1803, chef de bat. du génie. (78,370 v.) — Com. de l'Algérie

GLOXIN, né en 1800, négoc. (70,814 v.) — Com. du comm. et de l'ind.

KLING, né en 1800, magistrat. (107,667 v.) — Com. de législ.

LAUTH, né en 1798, prés. du trib. de comm. de Strasbourg (77,277 v.) — Com. du comm. et de l'industrie.

LIECHTEMBERGER, né en 1789, avoc.; comm. gén. du gouv.; il a pris la parole plusieurs fois; auteur de la proposition de lever l'état de siège avant de discuter la Constitution. (118,501 v. v.)— Com. de la justice.

MARTIN (de Strasbourg), né en 1803, avocat; anc. député; memb. du comm. de Constit.; il a pris très-souvent la parole. (83,261 v.) — Com. de la justice.

SCHLOSSER, né en 1809, notaire; sous-commiss. du gouv. (98,230 v.) — Com. de l'agr. et du crédit fonc.

WESTERCAMP, né en 1810, notaire. (50,415 v.) — Com. de la guerre.

M. **CULMANN**, 15e représent. du Bas-Rhin, est décédé.

HAUT-RHIN (12 REPRÉSENTANTS).

BARDY, né en 1806, juge d'instruction. (45,853 v.) — Com. de législ.

DOLLFUS, né en 1798, anc. député; maire de Mulhouse. (66,158 v.) — Com. du travail.

HEECKEREN (de), né en 1813, ex-offic. en Russie; il prend une part très-active aux travaux de l'Assemblée. (27,504 v.) — Secrét. du com. des aff. étrang.

HEUCHEL, né en 1807, médecin. (30,170 v. — Com. de l'agr. et du c. f.

KESTNER, né en 1804, fabricant. (50,873 v.) — Vice-présid. du com. du commerce et de l'industrie.

KŒNIG, né en 1793, ancien avoué. (38,922 v.) — Com. de la guerre.

PRUDHOMME, né en 1803, propriét.; il a fait une proposition sur le crédit fonc. (39,922 v.) — Com. de l'agric. et du crédit fonc.

RUDLER, né en 1793, vigneron. (84,389 v.) — Com. de l'agr. et du c. f.

STOECKLÉ, né en 1798, curé. (71,572 v.) — Com. de l'inst. pub.

STRUCH, né en 1795. (88,572 v.) — Com. de l'Alg. et des aff. étrang.

YVES, né en 1803, ex-proc. gén. (50,837 v.) — Com. de l'int.

M. **CHAUFFOUR**, 12e représ. du Haut-Rhin, a donné sa démission.

RHONE (14 REPRÉSENTANTS).

AUBERTHIER, né en 1801, fabricant. (84,644 v.) — Com. du trav.

BENOIT, né en 1812, ouvrier. (63,981 v.) — Com. du trav.

Représentant	Proposit. sur les concordats amiables, art. 4	Droit au travail	Amendement contre l'impôt progressif	Question des deux chambres	Vote à la commune	Question de la Présidence. Amend. Grévy	Crédit foncier	Suppression du remplac. milit.	Décret qui fixe à dix les lois organiq.	Proposition Rateau-Lanjuin. sur la dissolution	Diminution de l'impôt du sel	Loi sur les Clubs. Ensemble de l'article 1
BRUCKNER	Pour	Pour	Pour	Contre	Contre	Pour	Pour	Pour	Pour	Contre	Pour	Contre
CHAMPY	Contre	Contre	Pour	Contre	Contre	Contre	Contre	Contre	Pour	Contre	Contre	Contre
CHAUFFOUR	Pour	Pour	Pour	Contre	Contre	Pour	Pour	Pour	Pour	Contre	Pour	Contre
DORLAN	Contre	Contre	Pour	Contre	Contre	Pour	Pour	Contre	ab.p.c.	Contre	Pour	Absent
ENGELHARDT	Contre	Contre	Pour	Contre	Contre	Contre	Pour	Contre	Absent	Contre	Pour	Contre
FOY	Pour	Contre	Pour	Contre	Contre	Contre	Contre	Contre	ab.p.c.	Contre	Pour	Contre
GLOXIN	Pour	Contre	Pour	Contre	Contre	Contre	Pour	Contre	Pour	Contre	Pour	Contre
KLING	Contre	Contre	Pour	Contre	Contre	ab.p.c.	ab.p.c.	ab.p.c.	ab.p.c.	Absent	Pour	
LAUTH	Contre	Contre	Pour	Contre	Contre	Contre	Pour	Contre	Pour	Contre	Pour	Contre
LIECHTEMBERGER	Absent	Absent	Pour	Contre	Absent	Contre	Contre	Contre	Pour	Contre	Pour	Contre
MARTIN	Absent	Contre	Pour	Contre	Contre	Contre	Contre	Contre	Pour	Contre	Pour	Contre
SCHLOSSER	Contre	Contre	Pour	Contre	Contre	ab.p.c.	ab.p.c.	ab.p.c.	Absent	Contre	Pour	Contre
WESTERCAMP	Pour	Pour	Pour	Contre	Contre	Contre	Contre	Pour	Pour	Contre	Pour	Contre
BARDY	ab.p.c.	Contre	Pour	Contre	Contre	Pour	Contre	Contre	ab.p.c.	Contre	Pour	Contre
DOLLFUS	Contre	Contre	Pour	Pour	Contre	Contre	Contre	Contre	Contre	Pour	Contre	ab.p.c.
HEECKEREN	ab.p.c.	Contre	Pour	Contre	Pour	Contre	Absent	Contre	Absent	Pour	Pour	Pour
HEUCHEL	Absent	Contre	Pour	Contre	Contre	Contre	Pour	Contre	ab.p.c.	Pour	Pour	Contre
KESTNER	Pour	Pour	Pour	Contre	Contre	Contre	Contre	Pour	ab.p.c.	Contre	Pour	Contre
KŒNIG	Pour	Pour	Pour	Contre	Contre	Pour	Pour	Pour	Pour	Contre	Pour	Absent
PRUDHOMME	Contre	Contre	Absent	Pour	Pour	Contre	Pour	Contre	ab.p.c.	Pour	Pour	Pour
RUDLER	Absent	Contre	Pour	ab.p.c.	Contre	Contre	Pour	Absent	Pour	Contre	Pour	Absent
STOECKLÉ	Absent	Contre	Absent	Contre	Contre	Contre	Pour	Contre	Absent	Pour	Pour	ab.p.c.
STRUCH	Absent	Contre	Pour	Pour	Pour	Contre			ab.p.c.	Pour	Pour	Pour
YVES	Absent	Contre	Pour	Contre	Contre	Pour	Absent	Contre	ab.p.c.	Contre	Pour	Absent
AUBERTHIER	Pour	Contre	Absent	ab.p.c.	Absent	Contre	Pour	Contre	Pour	Pour	Pour	Pour
BENOIT	Pour	Pour	Contre	Contre	Contre	Pour	Pour	Pour	Pour	Contre	Pour	Absent

CHANAY, né en 1800, ex-proc. de la Répub. (54,504 v.) — Com. du t.
DOUTRE, né en 1812, ouvrier. (104,891 v.) — C. du travail.
FERROUILLAT, né en 1820, avocat ; il a pris une part très-active aux trav. de l'Ass. (53,406 v.) — Com. du trav.
GOURD, né en 1788, anc. offic. (60,165 v.) — Com. des cultes.
GREPPO, né en 1820, ouvrier (43,194 v.) — Com. du travail.
LACROIX (J.), né en 1801, fabricant. (80,969 v.) — Com. des finances.
LAFOREST, né en 1800, maire de Lyon. (126,743 v.) — Com. de la j.
MORTEMART (de), né en 1808, propriét. (71,746 v.) — Com. du trav.
MOURAUD, né en 1803, archit. (59,724 v.) — Com. des trav. pub.
PAULLIAN, né en 1795, prop. (64,057 v.) — Com. des cultes.
PELLETIER, né en 1810, aubergiste. (45,171 v.) — Com. de l'Algérie.
RIVET. — Com. du commerce et de l'industrie.

Représentant	Proposit. sur les concordats amiables, art. 4.	Droit au travail.	Amendement contre l'impôt progressif.	Question des deux chambres.	Vote à la commune.	Question de la Présidence. Amend. Grévy.	Crédit foncier.	Suppression du remplac. milit.	Décret qui fixe à dix les lois organiq.	Proposition Rateau-Lanjuin. sur la dissolution.	Diminution de l'impôt du sel.	Loi sur les Clubs. Ensemble de l'article 4.
CHANAY	Pour	Pour	Pour	Contre	Contre	Contre	Pour	Pour	Pour	Pour	Pour	Contre
DOUTRE	Pour	Pour	Contre	Contre	Contre	Pour	Pour	Pour	Pour	Contre	Pour	Absent
FERROUILLAT	Pour	Contre	Pour	Contre	Contre	Contre	Contre	Contre	Contre	Pour	Contre	Pour
GOURD	Pour	Absent	Absent	Absent	Pour	Contre	Pour	Contre	ab.p.c.	Pour	ab.p.c.	ab.p.c.
GREPPO	Pour	Pour	Contre	Contre	Contre	Pour	Pour	Pour	Pour	Contre	Pour	Absent
LACROIX (J.)	Pour	Pour	Absent	Contre	Pour	Contre	Pour	Absent	Absent	Absent	Contre	Absent
LAFOREST	ab.p.c.	ab p.c.	ab.p.c.	ab.p.c.	ab.p.c.	ab.p.c.	ab.p.c.	ab.p.c.	Absent	ab.p.c.	Pour	ab.p.c.
MORTEMART (de)	Pour	Contre	Pour	Pour	Pour	Contre	Contre	Contre	Contre	Pour	Contre	Pour
MOURAUD	Pour	Contre	ab.p.c.	ab.p.c.	ab.p.c.	ab.p.c.	ab.p.c.	ab.p.c.	ab.p.c.	Pour	ab.p.c.	Pour
PAULLIAN	Pour	Pour	Pour	Contre	Pour	Contre	Pour	Contre	Pour	Pour	Contre	Contre
PELLETIER	Pour	Absent	Contre	Contre	Contre	Pour	Pour	Pour	Pour	Contre	ab.p.c.	Absent
RIVET						Contre	Contre	Contre	Pour	Pour	Contre	Pour

HAUTE-SAONE (9 REPRÉSENTANTS).

ANGAR, né en 1789, maître de forges. (30,181 v.) — Com. de l'Algérie.
DUFOURNEL, né en 1808, maître de forges. (63,499 v.)—Com. du trav.
GRAMMONT (de), né en 1803, anc. dép. (68,620 v.)—Com. du comm.
GUERRIN, né en 1808, avocat. (41,697 v.) — Com. de la justice.
LÉLUT, né en 1804, médecin. (22,028 v.) — Com. de l'inst. publique.
MILLOTTE, né en 1810, cap. d'artill. (54,817 v.) — Com. de la marine.
MINAL, né en 1789, anc. offic. (72,648 v.) — Com. de la guerre.
NOIROT, né en 1795, avoc. (29,509 v.) — Com. de la justice.
SIGNARD, né en 1803, médecin. (20,157 v.)—Com. de l'agr. et du c. f.

Représentant	Proposit. sur les concordats amiables, art. 4.	Droit au travail.	Amendement contre l'impôt progressif.	Question des deux chambres.	Vote à la commune.	Question de la Présidence. Amend. Grévy.	Crédit foncier.	Suppression du remplac. milit.	Décret qui fixe à dix les lois organiq.	Proposition Rateau-Lanjuin. sur la dissolution.	Diminution de l'impôt du sel.	Loi sur les Clubs. Ensemble de l'article 4.
ANGAR	Absent	Contre	Pour	Contre	Pour	Contre	Contre	Contre	Pour	Pour	Contre	Pour
DUFOURNEL	Pour	Contre	Pour	Pour	Pour	Contre	Contre	Contre	Pour	Pour	Contre	Pour
GRAMMONT (de)	Contre	Contre	Pour	Pour	Pour	Contre	Contre	Contre	ab.p.c.	Pour	Contre	Pour
GUERRIN	Contre	Contre	Pour	Pour	Contre	Contre	Contre	Contre	ab.p.c.	Pour	Pour	Pour
LÉLUT	Pour	Contre	Pour	Pour	Pour	Contre	Contre	Contre	Pour	Pour	Contre	Pour
MILLOTTE	Pour	Contre	Pour	Contre	Contre	Contre	Contre	Pour	Pour	Contre	Pour	Contre
MINAL	Pour	Contre	Pour	Contre	Contre	Contre	Contre	Contre	Pour	Pour	Contre	Pour
NOIROT	Pour	Contre	Pour	Contre	Contre	Contre	Contre	Contre	Pour	Contre	Contre	Contre
SIGNARD	Pour	Pour	Contre	Contre	Contre	Pour	Pour	ab.p.c.	Pour	Contre	Pour	ab.p.c.

SAONE-ET-LOIRE (14 REPRÉSENTANTS).

BOURDON, né en 1795, ingénieur. (127,088 v.) — Com. des trav. pub.
BRUYS, né en 1818. (67,178 v.) — Com. des aff. étrangères.
DARIOT, né en 1803, juge de paix. — Com. de l'intérieur.
JEANDEAU, né en 1812, ingénieur.— Com. du travail.
LACROIX (A.), né en 1804, propriétaire. (120,065 v.)—Com. de l'agr.
MARTIN-REY, né en 1813, publiciste.— Com. de législation.
MATHEY, né en 1794, notaire. (120,451 v.) — Com. de l'int.
MATHIEU, né en 1780, membre de l'instit. et du bur. des longitudes. (127,052 v.)—Com. des trav. pub.
MENAND, né en 1786. (78,644 v.) — Com. de la justice.
PETIT-JEAN, né en 1785, juge de paix. (88,933 v.)—Com. de la just.
PÉZERAT, né en 1789, médecin. (104,969 v.)—Com. de l'agr. et du c. f.
REVERCHON, né en 1802, médecin. (83,584 v.) — Com. des trav. publics.
ROLLAND, né en 1816, publiciste. (117,864 v.) — Com. du l'adm. dép.
THIARD (de), né en 1772, gén. de brigade retr., a été ambassadeur en Suisse. (130,779 v.) — Com. des aff. étrang.

Représentant	Proposit. sur les concordats amiables, art. 4.	Droit au travail.	Amendement contre l'impôt progressif.	Question des deux chambres.	Vote à la commune.	Question de la Présidence. Amend. Grévy.	Crédit foncier.	Suppression du remplac. milit.	Décret qui fixe à dix les lois organiq.	Proposition Rateau-Lanjuin. sur la dissolution.	Diminution de l'impôt du sel.	Loi sur les Clubs. Ensemble de l'article 4.
BOURDON	Contre	Contre	Pour	Contre	Contre	Absent	Absent	Contre	Pour	Pour	ab.p.c.	Contre
BRUYS	Pour	Pour	Contre	Contre	Contre	Pour	Pour	Pour	ab.p.c.	Contre	Pour	Absent
DARIOT	Pour	Contre	Pour	Contre	Contre	Contre	Pour	Contre	ab.p.c.	Pour	ab.p.c.	ab.p.c.
JEANDEAU	ab.p.c.	Pour	Contre	Contre	Contre	Pour	Pour	Pour	Absent	Contre	Pour	Contre
LACROIX (A.)	Pour	Pour	Pour	Contre	Contre	Contre	Pour	Contre	Absent	Contre	Absent	Absent
MARTIN-REY	Pour	ab.p.c.	Contre	Contre	Contre	Contre	Pour	Pour	Pour	Contre	Pour	Contre
MATHEY	Pour	Pour	Contre	Contre	Contre	Pour	Pour	Contre	Pour	Contre	Pour	Contre
MATHIEU	Pour	Pour	Contre	Contre	Contre	Absent	Pour	Pour	Pour	Contre	Pour	Contre
MENAND	Pour	Pour	Contre	Contre	Contre	Pour	Pour	Pour	ab.p.c.	Contre	Pour	Absent
PETIT-JEAN	Absent	Absent	Pour	Contre	Contre	Pour	Pour	Pour	ab.p.c.	Contre	Pour	Contre
PÉZERAT	Pour	Pour	Pour	Contre	Contre	Pour	Pour	Pour	Pour	Contre	Pour	Contre
REVERCHON	Pour	Pour	Contre	Contre	Contre	Contre	Pour	Contre	ab.p.c.	Contre	Pour	Contre
ROLLAND	Pour	Pour	Pour	Contre	Contre	Contre	Absent	Contre	Pour	Pour	Pour	Pour
THIARD (de)	Absent	ab.p.c.	ab.p.c.	ab.p.c.	ab.p.c.	ab.p.c.	ab.p.c.	ab.p.c.	ab.p.c.	ab.p.c.	ab.p.c.	ab.p.c.

SARTHE (12 REPRÉSENTANTS).

BEAUMONT (Gustave de), né en 1802, anc. magist.; publiciste; membre de l'Instit.; anc. dép.; il a été ambassadeur en Angleterre. (83,985 v.) — Com. des aff. étrang.

CHEVÉ, né en 1807, ouvrier. (66,952 v.) — Com. du travail.

DEGOUSÉE, né en 1795, anc. cap. d'état-major; questeur de l'Assemb. (66,145 v.) — Com. des trav. pub.

GASSELIN (de Chantenay) né en 1794. (108,612 v.) — Com. de l'adm. d.

GASSELIN (de Fresnay), né en 1802, notaire. (66,282 v.) — Com. de l'adm. dép. et comm.

HAURÉAU, né en 1810, publiciste; ex-rédact. en chef du *Courrier de la Sarthe*; conserv. à la bibliot. nat. — Com. des aff. étrang.

LAMORICIÈRE, né en 1806, gén. de division; a gagné tous ses grades en Afrique; ex-ministre de la guerre; il a organisé la colonisation de l'Algérie et présenté un projet d'organisation du recrutement. (82,614 v.) — Com. de la guerre.

LANGLAIS, né en 1810, avocat; rédacteur de *la Presse*. (58,535 v.) — Com. de la justice.

LEBRETON, né en 1814, négociant. (108,241 v.) — Com. de la mar.

LORETTE, né en 1808, propriét. — Com. de l'adm. dép. et comm.

SAINT-ALBIN (Hortensius de), né en 1805, anc. député; cons. à la cour d'appel de Paris. (87,114 v.) — Com. de l'int.

TROUVÉ-CHAUVEL, né en 1805, banq.; anc. maire du Mans; il a été successivement préfet de police, préfet de la Seine et minist. des fin. (115,106 v.) — Com. des fin.

SEINE (34 REPRÉSENTANTS).

ALBERT, né en 1815, ouvrier; membre du gouv. prov. (133,041 v.)

ARAGO (François), né en 1796, astronome; membre de l'Instit.; ancien député; membre du gouv. prov. et de la commiss. exécut.; ex-ministre de la guerre et de la marine. (245,983 v.) — Com. de la guerre.

BERGER, né en 1790, anc. avoué; ex-maire du 2e arrondiss.; aujourd'hui préfet de la Seine. (136,666 v.) — Com. de l'int.

BLANC (Louis), né à Madrid en 1813, homme de lettres; membre du gouv. prov.

BOISSEL, né en 1795, anc. pharm. (77,247 v.) — Com. de l'int.

BUCHEZ, né en 1796, médecin; auteur de l'*Histoire parlementaire de la Révolution*; ex-prés. de l'Ass. (135,678 v.) — C. de la m.

CARNOT, né en 1801, ex-ministre de l'instruction pub. (195,608 v.) — Com. de l'inst. pub.

CAUSSIDIÈRE, ex-préfet de police. (133,775 v.)

CHANGARNIER, né en 1793, général de division; commandant de l'armée de Paris. (94,420 v.) — Com. de la guerre.

COQUEREL, né en 1795, pasteur de l'église protestante de Paris; membre de la commiss. de Constit.; il a souvent pris la parole et proposé l'abolition définitive de la peine de mort. (109,934 v.) — Com. du trav.

	Proposit. sur les concordats amiables, art. 4.	Droit au travail.	Amendement contre l'impôt progressif.	Question des deux chambres.	Vote à la commune.	Question de la Présidence. Amend. Grévy	Crédit foncier.	Suppression du remplac. milit.	Décret qui fixe à dix les lois organiq.	Proposition Rateau-Lacroix. sur la dissolution	Diminution de l'Impôt du sel.	Loi sur les Clubs. Ensemble de l'article 1.
BEAUMONT	Absent	ab.p.c.	ab.p.c.	ab.p.c.	ab.p.c.	ab.p.c.	ab.p.c.	ab.p.c.	Absent	Pour	Contre	Absent
CHEVÉ	Absent	Contre	Pour	Contre	Contre	Contre	Contre	Contre	Pour	ab.p.c.	Contre	Contre
DEGOUSÉE	Absent	Contre	Pour	Pour	Contre	Pour	Contre	Contre	Pour	Contre	Contre	Contre
GASSELIN (de Chantenay)	Contre	Contre	Pour	Contre	Absent	Contre	Contre	Contre	ab.p.c.	Pour	Contre	Pour
GASSELIN (de Fresnay)	Contre	Contre	Pour	Pour	Contre	Contre	Contre	Contre	Pour	Pour	Contre	Pour
HAURÉAU	Contre	Contre	Absent	Contre	Contre	Contre	Absent	Contre	Pour	Contre	Contre	Contre
LAMORICIÈRE	Absent	Contre	Absent	Contre	Contre	Contre	Contre	Absent	Absent	Pour	Contre	Pour
LANGLAIS	Pour	Contre	Pour	Contre	Contre	Contre	Contre	Contre	Contre	Pour	ab.p.c.	Pour
LEBRETON	Contre	Contre	Pour	Absent	Contre	Contre	Contre	Contre	ab.p.c.	Contre	ab.p.c.	Contre
LORETTE	Contre	Contre	Pour	Contre	Contre	ab.p.c.	Contre	Contre	Pour	Pour	Contre	Contre
SAINT-ALBIN	Contre	Contre	Pour	Contre	Pour	Contre	Contre	Contre	Pour	Pour	Contre	Pour
TROUVÉ-CHAUVEL	Contre	Contre	Absent	Contre	Absent	Contre	Contre	Contre	Pour	Absent	Absent	Absent
ALBERT	Absent	Absent	Absent	Absent	Absent	Absent	Absent	Absent	Absent	Absent	Absent	Absent
ARAGO	Absent	Absent	Absent	Contre	Contre	Pour	Absent	Absent	Pour	Contre	Absent	Absent
BERGER	Absent	Absent	Absent	Pour	Absent	Absent		Contre	Absent	Pour	Absent	Pour
BLANC	Pour	Absent	Absent	Absent	Absent	Absent	Absent	Absent	Absent	Absent	Absent	Absent
BOISSEL	Contre	Contre	Pour	Contre	Contre	Contre	Contre	Contre	Pour	Pour	Pour	Pour
BUCHEZ	Contre	Contre	Absent	Absent	Absent	Contre	Contre	Absent	Absent	Contre	Contre	Contre
CARNOT	Absent	Pour	Pour	Contre	Contre	Pour	Absent	Absent	Pour	Contre	Pour	Contre
CAUSSIDIÈRE	Pour	Absent	Absent	Absent	Absent	Absent	Absent	Absent	Absent	Absent	Absent	Absent
CHANGARNIER	Contre	Contre	Pour	Pour		Contre	Contre	Contre	Absent	Pour	Contre	Pour
COQUEREL	Pour	Contre	Pour	Contre	Contre	Contre	Absent	Contre	Pour	Pour	Contre	ab.p.c.

CORBON, né en 1808, ouvrier, l'un des vice-présid. de l'Assemblée. (135,043 v.) — Com. du trav.

CORMENIN (de), né en 1788, publiciste; membre de la commiss. de Constit.; ancien député. (135,878 v.)— Com. de législ.

FLOCON, né en 1798, journaliste, rédact. de *la Réforme*; membre du gouv. prov.; ex-ministre du commerce; il monte très-souvent à la tribune. (121,865 v.) — Com. du comm. et de l'ind.

FOULD (Achille), anciendéputé.—Comité des finances.

GARNIER-PAGÈS, né en 1815, anc. dép.; a été membre du gouv. prov. et de la comm. exécut.; maire de Paris; min. des fin.; il a pris souvent la parole. (240,890 v.) — Com. des fin.

GARNON, né en 1797, anc. député. (106,717 v.) — Com. de l'adm. dép.

GOUDCHAUX, né en 1797, banquier; deux fois ministre des finances. (107,790 v.) — Com. des fin.

GUINARD, né en 1799, colonel d'artillerie de la garde nation. de Paris. (106,262 v.) — Com. de la guerre.

HUGO (Victor), né en 1802, homme de lettres; il a pris la parole sur plusieurs questions importantes. (86,965 v.) — Com. de l'intér.

LAGRANGE, né en 1805, il est monté plusieurs fois à la tribune, notamment pour demander l'amnistie. (78,682 v.) — Com. de la g.

LAMARTINE (Alphonse de), né à Mâcon en 1790, homme de lettres; membre de l'instit.; ancien député; membre du gouv. prov. et de la comm. exécut.; ministre des affaires étrang.; a traité à la tribune les questions les plus importantes. (259,800 v.) — Com. des aff. étrang.

LAMENNAIS (de), né en 1782, anc. abbé; homme de lettres; il n'est monté à la tribune qu'une seule fois pour demander à être poursuivi comme journaliste. (104,871 v.) — Com. de lég.

LASTEYRIE (Ferdinand de), anc. député; il a pris quelquefois la parole. (165,156 v.) — Com. de l'int.

LEDRU-ROLLIN, né en 1807, avocat; anc. député; memb. du gouv. prov. et de la commission exécut.; min. de l'int.; il a prononcé à la tribune de nombreux discours. (131,587 v.)—Com. de l'Aig. et des colonies.

LEROUX (Pierre), né en 1798, homme de lettres; il est monté souvent à la tribune et a proposé plusieurs amendements. (91,375 v.) — Com. des fin.

MARIE, né en 1787, avoc., anc. député; m. du gouv. prov. et de la commission exécut.; ministre des trav. pub., puis de la justice. (225,776 v.) — Com. des trav. pub.

MOREAU, né en 1800, anc. député. (126,889 v.) — Com. de l'intér.

PERDIGUIER (Agricol), né en 1806, ouvrier. (117,290 v.)—Com. du t.

PEUPIN, né en 1809, ouvrier; l'un des secrét. de l'Ass.; il a pris quelquefois la parole. (131,969 v.) — Com. du trav.

PROUDHON, né en 1809 à Besançon, homme de lettres; il a prononcé à la tribune trois ou quatre discours. (77,094 v.) — Com. des fin.

RASPAIL, chimiste et homme de lettres.

VAVIN, né en 1795, anc. député. (151,003 v.) — Com. des aff. étrang.

	Proposit. sur les concordats amiables, art. 4.	Droit au travail.	Amendement contre l'impôt progressif.	Question des deux chambres.	Vote à la commune.	Question de la Présidence. Amend. Grévy.
CORBON	Contre	Contre	Pour	Contre	Contre	Contre
CORMENIN	Pour	Pour	Absent	Contre	Absent	Absent
FLOCON	Contre	Pour	Pour	Contre	Contre	Contre
FOULD				Pour	Pour	Contre
GARNIER-PAGÈS	Contre	Pour	Absent	Contre	Contre	
GARNON	Pour	Contre	Pour	ab.p.c.	ab.p.c.	Contre
GOUDCHAUX	Contre	Contre	Pour	Absent	Contre	Contre
GUINARD	Pour	Pour	Absent	Contre	Contre	Pour
HUGO	Pour	Absent	Pour	Pour	Contre	Contre
LAGRANGE	Pour	Pour	Absent	ab.p.c.	ab.p.c.	ab.p.c.
LAMARTINE	Absent	Absent	Pour	Absent	Pour	Contre
LAMENNAIS	Pour	Pour	Contre	Contre	Contre	Pour
LASTEYRIE	Contre	Contre	Pour	Pour	Contre	Contre
LEDRU-ROLLIN	Absent	Pour	Contre	Contre	Contre	Pour
LEROUX	Absent	Absent	Absent	Absent	Absent	Absent
MARIE	Absent	Absent	Pour	Contre	Contre	Contre
MOREAU	Contre	Contre	Pour	Pour	Contre	Contre
PERDIGUIER	Pour	Pour	Contre	Contre	Contre	Pour
PEUPIN	Pour	Contre	Pour	Contre	Contre	Contre
PROUDHON	Pour	Pour	Contre	Contre	Contre	Pour
RASPAIL				Absent	Absent	Absent
VAVIN	Absent	Contre	Absent	Pour	Absent	Absent

	Crédit foncier.	Suppression du remplac. milit.	Décret qui fixe à dix les lois organiq.	Proposition Rateau-Lanjuin. sur la dissolution.	Diminution de l'impôt du sel.	Loi sur les Clubs. Ensemble de l'article 4.
CORBON	Contre	Pour	Pour	Contre	Contre	Contre
CORMENIN	Contre	Pour	Absent	Absent	Absent	Contre
FLOCON	Pour	Pour	Absent	Contre	Absent	Absent
FOULD	Contre	Contre	Absent	Pour	Contre	Pour
GARNIER-PAGÈS	Contre	Contre	Pour	ab.p.c.	Absent	Absent
GARNON	Contre	Contre	Absent	Pour	Contre	Pour
GOUDCHAUX	Contre	Absent	Pour	Absent	Contre	Contre
GUINARD	Pour	Absent	Pour	Contre	Pour	Absent
HUGO	Contre	Contre	Contre	Pour	Absent	Pour
LAGRANGE	ab.p.c.	Pour	Pour	Contre	Pour	Contre
LAMARTINE	Absent	ab.p.c.	Absent	Pour	Contre	Absent
LAMENNAIS	Pour	Pour	Pour	Contre	Pour	Absent
LASTEYRIE	Contre	Pour	Absent	Pour	Contre	Contre
LEDRU-ROLLIN	Pour	Pour	Pour	Contre	Pour	Absent
LEROUX	Pour	Pour	Pour	Contre	Pour	Absent
MARIE	Contre	Contre	Pour	Contre	Absent	Contre
MOREAU	Contre	Contre	Pour	Pour	Contre	Pour
PERDIGUIER	Pour	Pour	Pour	Contre	ab.p.c.	Contre
PEUPIN	Contre	Contre	Pour	Pour	Pour	
PROUDHON	Pour	Pour	Pour	Contre	Pour	Contre
RASPAIL	Absent	Absent	Absent	Absent	Absent	Absent
VAVIN	Contre	Contre	Absent	Pour	Contre	Pour

WOLOWSKI, né en 1810, profess. d'économie politique; il a prononcé plusieurs discours et fait diverses propositions. (133,353 v.) — Com. du trav.

M. L. N. BONAPARTE, 34e représ. de la Seine, a été élu président de la République.

SEINE-INFÉRIEURE (19 REPRÉSENTANTS).

BAUTIER, né en 1801, médecin. (104,950 v.) — Com. de l'inst. pub.
CÉCILLE, né en 1797, contre amiral. (130,878 v.) — Com. de la mar.
DARGENT, né en 1794, agriculteur. (109,846 v.) — Com. de l'agr.
DÉMAREST, né en 1817, filateur. (103,791 v.) — Com. du travail.
DESJOBERT, né en 1796, anc. député. (142,867 v.) — Com. des fin.
DUPIN (Ch.), né en 1784, membre de l'institut; ancien ministre; il a pris la parole sur quelques questions économiques. — Président du com. de la marine.
GERMONIÈRE, né en 1812, industriel. (128,752 v.) — Com. du comm.
GIRARD, né en 1798, maire. (117,266 v.) — Com. de législation.
GRANDIN (Victor), né en 1797, industriel; ancien député; il monte souvent à la tribune. (130,004 v.) — Com. du comm. et de l'ind.
LEBRETON (Th.), né en 1803; anc. ouvr. (140,053 v.) — Com. du tr.
LEFORT-GONSSOLIN, né en 1805, banquier; anc. député; il prend une part active aux trav. de l'Ass. (142,700 v.) — Com. du comm.
LEVAVASSEUR, né en 1802, anc. député. (133,674 v.) — Com. de l'Al.
LOYER, né en 1808, filateur. (49,933 v.) — Com. du comm. et de l'ind.
MORLOT, né en 1802, négociant. (112,417 v.) — Prés. du Com. du comm.
OSMONT, né en 1803, anc. député. (138,886 v.) — Com. du comm.
RANDOING, né en 1800, industriel. (100,604 v.) — Com. du comm.
SÉNARD, né en 1802, avocat; procur. gén.; Prés. de l'Ass. nat. pendant les journées de juin; puis ministre de l'int.; il prend une part très-active aux trav. intérieurs et aux débats publics de l'Ass. — Com. du trav.
THIERS, né en 1797, homme de lettres; ancien député; anc. ministre; memb. de l'instit.; il a pris la parole dans plusieurs circonstances graves. — Com. des fin.

SEINE-ET-MARNE (9 REPRÉSENTANTS).

AUBERGÉ, né en 1793, agriculteur. (19,754 v.) — Com. de l'agr.
BASTIDE (J.) né en 1800, ex-min. des aff. étrang.; il aborde rarement la tribune. (21,108 v.) — Com. des aff. étrang.
BAVOUX, né en 1809, avocat. (17,603 v.) — Comité de l'intérieur.
CHAPPON, né en 1789, anc. négociant. (27,115 v.) — Com. du comm.
DROUYN DE LHUIS, né en 1804, ancien député; aujourd'hui min. des aff. étrang.; il a pris assez souvent la parole. (41,314 v.)
LAFAYETTE (G.), né en 1777, fils du général; ancien député; l'un des v.-présid. de l'Ass. (43,764 v.) — Com. de la guerre.
LAFAYETTE (Oscar), né en 1816, petit-fils du général; capit. d'art.; comm. gén. du gouv. (43,859 v.) — Secrét. du Com. de la guerre.

Représentant	Proposit. sur les concordats amiables, art. 4.	Droit au travail.	Amendement contre l'impôt progressif;	Question des deux chambres.	Vote à la commune.	Question de la Présidence. Amend. Grévy.	Crédit foncier.	Suppression du remplac. milit.	Décret qui fixe à dix les lois organiq.	Proposition Rateau-Lanjuin. sur la dissolution	Diminution de l'impôt du sel.	Loi sur les Clubs Ensemble de l'article 4.
WOLOWSKI	Pour	Contre	Pour	Pour	Contre	Contre	Contre	Contre	Contre	Pour	Contre	Pour
BAUTIER	Absent	Contre	Pour	Pour	Pour	Contre	Contre	Contre	ab.p.c.	Pour	Pour	Pour
CÉCILLE	Contre	Contre	Pour	Pour	Pour	Contre	Contre	Contre	Contre	ab.p.c.	Contre	ab.p.c.
DARGENT	Absent	Contre	Absent	Pour	Pour	Contre	ab.p.c.	Contre	Absent	Pour	Pour	Pour
DÉMAREST	Contre	Contre	Pour	Pour	Pour	Contre	Contre	Contre	Contre	Pour	ab.p.c.	Pour
DESJOBERT	Contre	Contre	Pour	Pour	Pour	Contre	Contre	Contre	Contre	Pour	Contre	Pour
DUPIN	Contre	Contre	Pour	Pour		Contre	Contre	Contre	Absent	Pour	Absent	Pour
GERMONIÈRE	Pour	Contre	Pour	Pour	Pour	Contre	Contre	Contre	Contre	Pour	Contre	Pour
GIRARD	Pour	Contre	Pour	Contre	Contre	Contre	Absent	Contre	Pour	ab.p.c.	Contre	Absent
GRANDIN	Contre	Contre	Pour	Pour	Contre	Absent	Contre	Contre	Contre	Pour	Contre	Pour
LEBRETON	Contre	Contre	Pour	Contre	Contre	Contre	Contre	Contre	Contre	Pour	Absent	Pour
LEFORT-GONSSOLIN	Contre	Absent	ab.p.c.	Pour	Pour	Contre	Contre	Contre	Pour	Pour	Contre	Pour
LEVAVASSEUR	Contre	Contre	Pour	Pour	Pour	Contre	Contre	Contre	Contre	Pour	Contre	Pour
LOYER	Pour	Contre	Pour	Contre	Contre	Contre	Contre	Contre	Contre	Pour	Contre	Pour
MORLOT	Pour	Contre	Pour	Contre	Contre	Contre	Contre	Contre	Pour	Contre	Contre	Contre
OSMONT	Contre	Contre	Pour	Pour	Absent	Pour	Contre	Contre	Contre	Pour	Contre	Pour
RANDOING	Contre	Contre	Pour	Contre	Pour	Contre	Contre	Contre	Pour	Pour	Contre	Pour
SÉNARD	Contre	Contre	Absent	Contre	Absent	Contre	Contre	ab.p.c.	Pour	Contre	Contre	Contre
THIERS	Absent	Contre	Pour	Pour	Pour	Contre	Contre	Contre	Absent	Pour	Contre	Absent
AUBERGÉ	Contre	Contre	Pour	Pour	Pour	Absent	Pour	Contre	Pour	Pour	Contre	Pour
BASTIDE	Absent		Absent	Contre	Absent	Contre	Absent	Absent	Absent	Contre	Pour	Absent
BAVOUX	Contre	Contre	Pour	Pour	Contre	Contre	Contre	Contre	Contre	Pour	Contre	Pour
CHAPPON	Pour	Contre	Pour	Pour	Contre	Contre	Pour	Contre	Pour	Pour	Contre	Pour
DROUYN DE LHUIS	Contre	Contre	Pour	Pour	Pour	Contre	Contre	Contre	Absent	Pour	Contre	Pour
LAFAYETTE (G.)	Contre	Contre	Pour	Contre	Contre	Contre	Contre	Contre	Absent	Contre	Contre	Contre
LAFAYETTE (Oscar)	Contre	Contre	Pour	Pour	Contre	Contre	Contre	Absent	Pour	Pour	Contre	Contre

LASTEYRIE (J. de). né en 1810. anc. député. (8,692 v.)—Com. des fin.

PORTALIS (A.), né en 1801, ancien député; ex-proc. gén. de la cour d'appel de Paris; il a été vice-prés. de l'Ass. et a pris plusieurs fois la parole. (21,074 v.) — Com. des fin.

SEINE-ET-OISE (12 REPRÉSENTANTS).

ALBERT DE LUYNES (d'), né en 1804; il prend une part active aux trav. intérieurs de l'Ass. (63,441 v.)—Vice-prés. du com. de l'int.

BARTHÉLEMY SAINT-HILAIRE, né en 1805, publiciste; membre de l'instit.; il est monté plusieurs fois à la tribune. (45,188 v.) — Com. de l'instr. pub.

BERVILLE, né en 1788; ancien député. (56,961 v.) —Com. de l'inst. p.

BEZANSON, né en 1804, notaire. (59,484 v.) — Vice-présid. du com. de l'agr. et du crédit fon.

DURAND, né en 1805, anc. avoué. (74,733 v.) — Com. de lég.

FLANDIN, né en 1804, ex-avocat gén. de la cour d'appel de Paris; il prend une part très-active aux trav. de l'Ass. (34,687 v.) — Prés. du com. d'agr. et du crédit fonc.

LANDRIN, né en 1803, avocat; est monté plusieurs fois à la tribune. (72,208 v.) — Com. du comm. et de l'ind.

LÉCUYER, né en 1816, ouvrier. (68,925 v.) — Comité du travail.

LEFEBVRE, né en 1796, maître de poste. (60,542 v.) — Com. de l'agr. et du crédit fonc.

PAGNERRE, né en 1805, libraire; ex-secrét. gén. du gouv. prov., puis de la comm. exécut.; l'un des v.-présid. de l'Ass. (55,612 v.) — Com. des fin.

PIGEON, né en 1816, agric. (75,290 v.)—Sec. du c. de l'agr. et du c. f.

RÉMILLY, né en 1800, anc. dép. (52,168 v.)—Com. de l'ad. dép. et c.

DEUX-SÈVRES (8 REPRÉSENTANTS).

BAUGIER, né en 1800, maire de Niort. — Com. des trav. publics.

BLOT, né en 1781, ancien officier. — Comité de la guer.

BOUSSI, né en 1795, avoc.; prend quelquefois la parole.—C. de la just.

CHARLES (aîné), né en 1812, cult. — Com. de l'agr. et du créd. fonc.

CHEVALLON, né en 1798. — Com. de l'Algérie et des colonies.

DEMARÇAY, né en 1812, fils du général; chimiste; anc. député.

MAICHAIN, né en 1798, méd.; comm. du gouv. — C. de l'ad. d. et c.

RICHARD (J), né en 1798, prop. — Sec. du com. de l'ad. dép. et c.

SOMME (14 REPRÉSENTANTS).

ALLART, né en 1798, not. (112,536 v.) — Com. des fin.

BEAUMONT (de), né en 1798, anc. dép. (138,453 v.) — Com. de l'agr.

CRETON, né en 1795, anc. dép.; prend souvent la parole. (137,995 v.) Sec. du com. de la just.

DEFOURNEL, né en 1790, fab. (105,269 v) — Com. du travail.

DELATRE, né en 1793, agric. (113,094 v) — Com. du c. et de l'ind.

Représentant	Proposit. sur les concordats amiables, art. 4.	Droit au travail.	Amendement contre l'impôt progressif.	Question des deux chambres.	Vote à la commune.	Question de la Présidence. Amend. Grévy.	Crédit foncier.	Suppression du remplac. milit.	Decret qui fixe à dix les lois organiq.	Proposition Rateau-Laujuin sur la dissolution.	Diminution de l'impôt du sel.	Loi sur les Clubs. Ensemble de l'article 4.
LASTEYRIE	Contre	Contre	Pour	Pour	Pour	Contre	Contre	Contre	Contre	Pour	Contre	Pour
PORTALIS	Pour	Pour	Absent	Contre		Pour	Pour	Pour	Pour	Contre	Pour	Contre
ALBERT DE LUYNES	Contre	Contre	Pour	Contre	Pour	Contre	Pour	Contre	Pour	Pour	Contre	Pour
BARTHÉLEMY SAINT-HILAIRE	Contre	Contre	Pour	Pour	Contre	Contre	Centre	Contre	Pour	Pour	Contre	Pour
BERVILLE	Absent	Contre	Pour	Pour	Contre	Contre	Absent	Contre	Absent	Pour	Absent	Pour
BEZANSON	Contre	Contre	Pour	Pour	Pour	Contre	Pour	Contre	Pour	Pour	Contre	Pour
DURAND	Contre	Contre	Absent	Pour	Contre	Absent	Contre	Contre	Pour	Pour	Pour	Pour
FLANDIN	Pour	Contre	Pour	Contre	Contre	Contre	Pour	Contre	Pour	Pour	Contre	Pour
LANDRIN	Pour	Pour	Pour	Contre	Contre	Contre		Contre	Absent	Contre	Pour	Contre
LÉCUYER	Pour	Pour	Pour	Contre	Contre	Contre	Pour	Pour	Absent	Contre	Pour	Contre
LEFEBVRE	Pour	Contre	Pour	Pour	Pour	Contre	Pour	Contre	Absent	Pour	Contre	Pour
PAGNERRE	Contre	Absent	Pour	Contre	Absent	Contre	Contre	Contre	Pour	Pour	Contre	Pour
PIGEON	Pour	Contre	Pour	Contre	Pour	Contre	Pour	Contre	Contre	Pour	Contre	Absent
RÉMILLY	Contre	Contre	Pour	Pour	Pour	Contre	Pour	Contre	Contre	Pour	Contre	Pour
BAUGIER	Pour	Pour	Pour	Contre	Contre	Pour	Pour	Pour	Pour	Contre	Pour	Contre
BLOT	Pour	Pour	Contre	Contre	Contre	Contre	Pour	Pour	Pour	Contre	Pour	Contre
BOUSSI	Pour	Contre	Contre	Contre	Contre	Contre	Contre	Contre	Pour	Absent	Pour	Absent
CHARLES	Absent	Pour	Pour	Contre	Contre	Contre	Pour	Pour	Absent	Contre	Pour	Contre
CHEVALLON	Absent	Pour	Contre	Contre	Contre	Contre	Pour	Pour	Pour	Contre	Pour	Absent
DEMARÇAY	Contre	Contre	Pour	Pour	Contre	ab.p.c.	Contre	Contre	ab.p.c.		ab.p.c.	
MAICHAIN	Pour	Pour	Pour	Contre	Contre	Pour	Pour	Pour	Absent	Absent	Pour	Contre
RICHARD	Pour	Pour	Pour	Contre	Contre	Contre	Contre	Contre	Pour	Contre	Pour	Pour
ALLART	Contre	Contre	Absent	Pour	Contre	Contre	Contre	Contre	Absent	Pour	Absent	Absent
BEAUMONT	Contre	Contre	Absent	Pour	Pour	Contre	Pour	Contre	Contre	Pour	Contre	Pour
CRETON	Contre	Contre	Pour	Pour	Pour	Contre	Centre	Contre	Absent	Pour	Contre	Pour
DEFOURNEL	Absent	Contre	Absent	Pour	Pour	Contre	Contre	Contre	Contre	Pour	Contre	Pour
DELATRE	Contre	Contre	Pour	Pour	Absent	Contre	Contre	Contre	Contre	Pour	Contre	Pour

	Proposit. sur les concordats amiables, art. 4	Droit au travail.	Amendement contre l'impôt progressif.	Question des deux chambres.	Vote à la commune.	Question de la Présidence. Amend. Grévy.	Crédit foncier.	Suppression du remplac. milit.	Décret qui fixe à dix les lois organiq.	Proposition Rateau-Lanjuin sur la dissolution.	Diminution de l'impôt du sel.	Loi sur les Clubs. Ensemble de l'article t.
DUBOIS (Am.), né en 1790, agric. (84,919 v.) — Com. du travail.	Contre	Contre	Absent	Absent	Contre	Contre	Pour	Contre	Absent	Pour	Contre	Pour
GAULTIER DE RUMILLY, né en 1792, anc. avocat; anc. député. (137,995 v.) — Com. des fin.	Contre	Contre	Pour	Pour	Pour	Contre	Contre	Contre	Absent	Pour	Contre	Pour
LABORDERE, né en 1798, magistrat. (83,326 v.) — Com. de lég.	Absent	Contre	Pour	Pour	Pour	Contre	Contre	Contre	Contre	Pour	Contre	Absent
MAGNIEZ, né en 1793, prop. (130,431 v.) — Com. de l'agr. et du c. f.	Contre	Contre	Pour	Pour	Absent	Contre	Contre	Contre	Contre	Pour	Contre	Pour
MOREL-CORNET, né en 1796, nég. (105,835 v.) — Com. du comm.	Contre	Contre	Pour	Pour	Contre	Contre	Contre	Contre	Absent	Pour	Contre	Pour
M. BLIN DE BOURDON, 12e représ. de la Somme, est décédé.												
TARN (9 REPRÉSENTANTS).												
BOYER, représentant nouvellement élu.												
CARAYON-LATOUR, né en 1809, (48,043 v.) — Com. des fin.									ab.p.c.	ab.p.c.	Absent	ab.p.c.
MARLIAVE (de), représentant nouvellement élu.												
MOUTOU, né en 1799, ecclésiastique. (41,476 v.) — Com. des cultes.	Contre	Contre	Pour	Pour	Pour	Contre	Absent	Contre	Absent	Pour	Pour	Pour
PUYSÉGUR (de), né en 1811. (36,910 v.) — Com. des aff. étrangères.	Contre	Contre	Pour	Pour		Contre	Contre	Contre	Pour	Pour	Absent	Pour
REY, né en 1793, général. (40,908 v.) — Comité de la guerre.	Pour	Pour	Pour	Contre	Contre	Pour	Contre	Contre	Contre	ab.p.c.	Pour	Contre
SAINT-VICTOR (de), né en 1793, (37,393 v.) — Com. des aff. étr.	Contre	Absent	Absent	Absent	Absent	Absent	Absent	Absent	Contre	Pour	Contre	Pour
VOISINS (de), né en 1813, prop. (41,487 v.) — Com. des aff. étr.	Absent	Contre	Pour	Absent	Pour	Contre	Absent	Contre	Contre	Pour	Pour	Pour
TARN-ET-GARONNE (6 REPRÉSENTANTS).												
CAZALÈS (de), né en 1804, eccl. (22,674 v.) — Com. de l'inst. pub.	Pour	Contre	Pour		Pour	Contre	Contre	Contre	Contre	Pour	Contre	Pour
DELBREL, né en 1803, méd. (19,388 v.) — Comité des cultes.	Contre	Contre	Pour	Contre	Contre	Contre	Contre	Contre	Pour	Pour	Pour	Contre
DETOURS, né en 1801, avoc.; (23,932 v.) — Comité de la justice.	Pour	Pour	Absent	Contre	Contre	Pour	Pour	Pour	Pour	Contre	Pour	Contre
FAURE-DÈRE, né en 1787, anc. dép. (32,014 v.) Com. des trav. pub.	Contre	Contre	Pour	Pour	Contre	Contre	Contre	Contre	ab.p.c.	Pour	ab.p.c.	Pour
MALEVILLE (de), né en 1812, avoc. ex-minist. de l'int.; il a pris plusieurs fois la parole. (43,319 v.) — Com. de l'int.	ab.p.c.	Contre	Pour	Pour	Pour	Contre	Contre	Contre	Contre	Pour	Absent	Pour
BOUS, né en 1803, publiciste. (28,557 v.) — Comité de législation.	Contre	Contre	Absent	Pour	Contre	Contre	Contre	Contre	ab.p.c.	Pour	Pour	Pour
VAR (9 REPRÉSENTS).												
ALLEMAN, né en 1797, banq. — Com. du commerce et de l'industrie.	Contre	Contre	Pour	Contre	Contre	Contre	Contre	Contre	Absent	Contre	Pour	Pour
ANDRÉ (Marius), né en 1808, ouvrier. Comité de la marine.	Contre	Contre	Pour	Absent	Contre	Absent	Contre	Contre	Contre	Absent	Absent	Contre
ARÈNE, né en 1798, sous comm. du gouv. — Com. de la justice.	Contre	Contre	Pour	Contre	Pour	Contre	Contre	Contre	Contre	Pour	Contre	Pour
ARNAUD (Ch.), né en 1798, confiseur. — Com. de l'adm. dép. et com.	Pour	Pour	ab.p.c.	ab.p.c.	ab.p.c.	ab.p.c.	ab.p.c.	ab.p.c.	Pour	Contre	Pour	Contre
BAUNE, (Edm.), né en 1804, avoc. — Comité de la marine.	Pour	Pour	Absent	Contre	Contre	Pour	Pour	Pour	Pour	Contre	Pour	ab.p.c.
CAZY, né en 1787, ex-ministre de la marine. — Com. de la mar.	Contre	Contre	Absent	Pour	Pour	Contre	ab.p.c.	ab.p.c.	ab.p.c.	ab.p.c.	ab.p.c.	ab.p.c.
GUIGUES (Luc.) né en 1809, ex-comm. du gouv. — Com. de l'int.	Contre	Contre	Pour	Contre	Contre	Contre	Contre	Contre	ab.p.c.	Contre	ab.p.c.	Contre
MAUREL (Marcell.), né en 1813, prop. — Com. des trav. publics.	Contre	Contre	Pour	Pour	Pour	Contre	Contre	Contre	ab.p.c.	Pour	Pour	Pour
PHILIBERT, né en 1799, agron. — Com. de l'adm. dép. et comm.	Contre	Contre	Pour	Pour	Pour	Contre	Contre	Contre	ab.p.c.	Pour	Pour	Pour
VAUCLUSE (6 REPRÉSENTANTS).												
BOURBOUSSON, né en 1811, méd. (21,622 v.) — Com. de l'agr. et du c. f.	Contre	Contre	Pour	Contre	Pour	Contre	Absent	Contre	Absent	Pour	Absent	Pour
GENT, né en 1803, avocat, prend quelquefois la parole.								ab.p.c.	Pour	Contre	Pour	Contre
LA BOISSIÈRE (de), né en 1799, anc. dép.; comm. du gouv. (38,934 v.) Com. de l'int.	Pour	Contre	Pour	Contre	ab.p.c.	ab.p.c.	Pour	Pour	ab.p.c.	Contre	Absent	Absent
FIN (Elz.), né en 1813, public. (30,000 v.) — C. de l'agr. et du créd. f.	Pour	Pour	Absent	Contre	Contre	Pour	Pour	Pour	Pour	Contre	Absent	Contre

RASPAIL (Eug.), né en 1812, indust. (31,718 v.) — Com. de l'intér.
REYNAUD-LAGARDETE, né en 1799, agr. (29,651 v.)—C. de l'inst.

VENDÉE (9 REPRÉSENTANTS).

BOUHIER DE L'ÉCLUSE, né en 1799, anc. magistrat; a attaché son nom à un projet de banque. — Com. des cultes.
DEFONTAINE (Guy), né en 1797, anc. magistrat. — Comité de l'int.
GRELIER-DUFOUGEROUX, né en 1804.— Com. des cultes.
LESPINAY (de), né en 1808, ecclés. (50,072 v.) — Com. des cultes.
LUNEAU, né en 1798, anc. dép.; prend souvent la parole. (40,943 v.) — Com. des finances.
MAREAU, né en 1808, filat. (45,699 v.) — Com. du comm. et de l'ind.
PARENTEAU, né en 1800. (30,093 v.) — Com. de l'Alg. et des col.
ROUILLÉ, né en 1821, avocat. (44,767 v.) — Com. de l'Alg. et des col.
TINGUY (de), né en 1795. (39,870 v.) — Comité des cultes.

VIENNE (8 REPRÉSENTANTS).

BARTHÉLEMY, né en 1801, magistrat (38,615 v.) — Com. de la just.
BÉRENGER, né en 1815, prop. (48,473 v.)— Com. de législation.
BONNIN, né en 1795, anc. dép. (59,909 v.) — Com. de l'agr. et du c. f.
BOURBEAU, né en 1811, avoc. (45,215 v.)—V. prés. du c. de l'inst. p.
JUNYEN, né en 1784, anc. dép. (25,013 v.)—Com. de l'Alg. et des col.
FLEIGNARD, né en 1795, magist. (31,983 v.) — Com. des aff. étrang.
M. DRAULT, 7e représentant de la Vienne est décédé.
M. JEUDY, 8e représentant a donné sa démission.

HAUTE-VIENNE (8 REPRÉSENTANTS).

ALLÈGRE, né en 1793, avocat. — Comité des cultes.
BAC (Th.), né en 1808, avoc.; est monté souvent à la trib.—C. des aff. ét.
BRUNET, né en 1814, cap. d'artillerie. — Com. des trav. publics.
CORALLI, avoc.; anc. député. — Com. de législation.
DUMAS, né en 1784, colonel retraité. — Comité de la guerre.
FRICHON, né en 1801, avoc.; prend souvent la parole.—Com. de l'int.
MAURAT-BALLANGE, né en 1795, anc. dép.; comm. du gouver.; monte souvent à la tribune. — Com. de la just.
TIXIER, né en 1797, avocat. — Comité de l'intérieur.

VOSGES (11 REPRÉSENTANTS).

BRAUX, né en 1796, agron. (37,914 v.) — Com. de l'Alg. et des col.
BUFFET, né en 1818, avoc.; min. du com. et de l'agr. (73,761 v.)
DOUBLAT, né en 1801, anc. dép. (83,995 v.) — Com. des cultes.
FALATIEU, né en 1811, indust. (44,410 v.) — Com. du c. et de l'ind.
FOREL, né en 1795, négoc. (69,616 v.) — Comité du travail.

	Proposit. sur les concordats amiables, art. 4.	Droit au travail.	Amendement contre l'impôt progressif.	Question des deux chambres.	Vote à la commune.	Question de la Présidence. Amend. Grévy.	Crédit foncier.	Suppression du remplac. milit.	Décret qui fixe à dix les lois organiq.	Proposition Rateau-Laujuin sur la dissolution.	Diminution de l'impôt du sel.	Loi sur les Clubs Ensemble de l'article 4.
RASPAIL	Absent	Pour	Contre	Contre	Contre	Pour	Pour	Pour	Pour	Contre	Pour	Contre
REYNAUD-LAGARDETE	Pour	Pour	Pour	Contre	Contre	Pour	Pour	Absent	ab.p.c.	ab.p.c.	ab.p.c.	Absent
BOUHIER DE L'ÉCLUSE	Pour	Contre	Absent	Contre	Pour	Pour	Pour	Contre	Contre	Pour	Pour	Absent
DEFONTAINE	Contre	Contre	Pour	Pour	Pour	Contre	Contre	Contre	Contre	Pour	Contre	Pour
GRELIER-DUFOUGEROUX	Absent	Contre	Pour	ab.p.c.	ab.p.c.	ab.p.c.	Contre	Contre	Contre	Pour	ab.p.c.	Pour
LESPINAY	Contre	Contre	Pour	Pour	Pour	Contre	Contre	Contre	Contre	Pour	Pour	Pour
LUNEAU	Contre	Contre	Pour	Pour	Contre	Contre	Contre	Contre	Pour	Pour	Pour	Pou r
MAREAU	Pour	Contre	Pour	Pour	Pour	Contre	Pour	Contre	Contre	Pour	Absent	Pour
PARENTEAU	Contre	Pour	Pour	Contre	Contre	Contre	Contre	Contre	Pour	Pour	Pour	Pour
ROUILLÉ	Contre	Contre	Pour	Pour	Pour	Contre	Contre	Contre	Contre	Pour	Pour	Pour
TINGUY	Absent	Contre	Pour	Pour	Pour	Contre	Contre	Contre	Absent	Pour	Pour	Pour
BARTHÉLEMY	Contre	Contre	Pour	Contre	Absent	Contre	Contre	Contre	Absent	Pour	Contre	Contre
BÉRENGER	Contre	Contre	Pour	Contre	Contre	Contre	Contre	Contre	Contre	Contre	Pour	Contre
BONNIN	Contre	Contre	Pour	Contre	Contre	Contre	Contre	Pour	Pour	Contre	Pour	Contre
BOURBEAU	Contre	Contre	Pour	Contre	Contre	Contre	Contre	Contre	Pour	Pour	Pour	Contre
JUNYEN	Contre	Contre	Pour	Contre	Pour	Contre	Contre	Contre	Absent	Pour	Contre	Pour
FLEIGNARD	Pour	Pour	Contre	Contre	Contre	Contre	Contre	Contre	Pour	Contre	Pour	Contre
ALLÈGRE	Contre	Pour	Pour	Contre	Contre	Contre	Contre	Contre	Pour	Contre	Pour	Contre
BAC	Pour	Pour	Contre	Contre	Contre	Pour	Pour	Pour	Pour	Contre	Pour	ab.p.c.
BRUNET	Contre	Contre	Pour	Contre	Contre	Contre	Contre	Absent	Pour	Pour	Contre	ab.p.c.
CORALLI		Pour	Pour	Contre	Contre	Pour	Pour	Contre	Absent	Contre	Pour	Absent
DUMAS	Contre	Contre	Pour	Pour	Contre	Contre	Contre	Absent	Absent	ab.p.c.	ab.p.c.	
FRICHON	Pour	Pour	Pour	Contre	Contre	Contre	Pour	Absent	Pour	Contre	Pour	Absent
MAURAT-BALLANGE	Contre	Contre	Pour	Contre	Contre	Contre	Contre	Contre	Pour	Pour	ab.p.c.	ab.p.c.
TIXIER	Contre	Contre	Absent	Contre	Pour	Contre	Contre	Contre	Contre	Pour	Pour	ab.p.c.
BRAUX	Pour	Contre	Pour	Contre	Pour	Contre	Contre	Contre	Pour	Contre	Contre	Absent
BUFFET	Contre	Contre	Pour	Pour	Pour	Contre	Contre	Contre	Contre	Pour	Absent	Pour
DOUBLAT	Pour	Contre	Pour	Contre	Contre	Contre	Contre	Contre	ab.p.c.	Pour	ab.p.c.	Contre
FALATIEU	Contre	Contre	Pour	Contre	Contre	Contre	Contre	Contre	Absent	Pour	Pour	Contre
FOREL	Pour	Contre	Pour	Contre	Contre	Contre	Pour	Contre	Pour	Contre	Pour	Contre

HINGRAY, né en 1797, libraire-édit.; ex-col. de la 10e lég. de la g. nat. de Paris. (66,977 v.) — Com. de la just.
HOUEL, né en 1804, avoc. (59,721 v.) — Com. de l'instruction publique.
HUOT, né en 1793, anc. offic. (44,339 v.) — Com. des travaux publics.
NAJEAN, né en 1793, s.-comm. du gouv. (59,728 v.) — Com. de la just.
TURCK, né en 1798, méd.; a fait plusieurs propositions, une notam. sur le créd. fonc. (59,021 v.) — Sec. du C. de l'Alg. et des col.
M. BOULAY (de la Meurthe), 11e représ. des Vosges, a été nommé vice-président de la République.

YONNE (9 REPRÉSENTANTS).

CARREAU, né en 1808, cultivateur. (30,500 v.) — Com. de l'agr. et du c. f.
CHARTON, né en 1807, publiciste; fondateur du *Magasin pittoresque*. (35,608 v.) — Com. de l'inst. pub.
GUICHARD, né en 1792, médecin. (84,500 v.) — Com. des aff. étrang.
LABABIT, né en 1792, anc. cap. du génie; anc. député; prend une part active à tous les trav. (82,000 v.) — Com. de la guerre.
RAMPONT, né en 1808, médecin. — Com. de l'agr. et du crédit fonc.
RATHIER, né en 1805, anc. avoué. (66,000 v.) — Com. de la justice.
RAUDOT. — Comité de l'administration départementale et communale.
ROBERT (L.), né en 1802, comm. du gouv. (78,000 v.) — Com. de l'agr.
VAULABELLE, né en 1800, public.; rédacteur du *National*; ex-min. de l'inst. pub; membre de la comm. de Constit. (50,500 v.) — Prés. du com. de l'inst. pub.

ALGÉRIE (4 REPRÉSENTANTS).

BARROT (Ferd.), avocat. — Comité du travail.
DIDIER, né en 1808, public.; magist. — Com. de l'Algérie et des col.
PRÉBOIS (de), né en 1804, cap. d'état-major et publiciste. — Com. de l'Algérie et des colonies.
RANCÉ (de), né en 1799, ancien député. — Com. de l'Alg. et des col.

MARTINIQUE (3 REPRÉSENTANTS).

MAZULINE
PORY-PAPY. — Comité de l'Algérie et des colonies.
SCHOELCHER, publiciste; ex-sous-secrét. d'état au min. de la marine. —Com de l'Algérie et des colonies.

GUADELOUPE (3 REPRÉSENTANTS).

DAIN (Charles), avocat. — Com. de l'Algérie et des colonies.
LOUISY-MATHIEU. — Com. de l'Algérie et des colonies.
PÉRINON, ex-commissaire du gouvernement provisoire.

SÉNÉGAL (1 REPRÉSENTANT).

DURAND-VALENTIN

Les quatre représentants de l'île de la Réunion et des établissements français dans l'Inde ne sont pas portés sur les listes.

Nom	Proposit. sur les concordats amiables, art. 4.	Droit au travail.	Amendement contre l'impôt progressif.	Question des deux chambres.	Vote à la commune.	Question de la Présidence. Amend. Grévy.	Crédit foncier.	Suppression du remplac. milit.	Décret qui fixe à dix les lois organiq.	Proposition Rateau-Lanjuin. sur la dissolution.	Diminution de l'impôt du sel.	Loi sur les Clubs. Ensemble de l'article 4.
HINGRAY	Absent	Contre	Pour	Contre	Contre	Pour	Pour	Contre	Absent	Contre	Pour	ab.p.c.
HOUEL	Contre	Contre	Pour	Contre	Contre	Contre	Contre	Contre	Contre	Pour	Contre	Pour
HUOT	Contre	Contre	Pour	Pour	Pour		Contre	Contre	Pour	Contre	Contre	Contre
NAJEAN	Contre	Contre	Pour	Contre	Contre	Contre	Pour	Contre	Pour	Contre	Pour	Contre
TURCK	Absent	Contre	Pour	Pour	Contre	Pour	Pour	Contre	Pour	Contre	Pour	Contre
CARREAU	Pour	Pour	Pour	Contre	Contre	Contre	Pour	Pour	ab.p.c.	Contre	Pour	Contre
CHARTON	Pour	Contre	Pour	Contre	Contre	Pour	Contre	Pour	Pour	Contre	Pour	Contre
GUICHARD	Contre	Contre	Pour	Contre	Contre	Contre	Contre	Contre	ab.p.c.	Contre	ab.p.c.	Contre
LABABIT	Contre	Contre	Pour	Contre	Pour	Contre	Contre	Contre	Pour	Pour	Contre	ab.p.c.
RAMPONT	Pour	Contre	Pour	Contre	Contre	Pour	Pour	Contre	Pour	Contre	ab.p.c.	Contre
RATHIER	Pour	Contre	Pour	Contre	Contre	Contre	Contre	Contre	Pour	Contre	Pour	Contre
RAUDOT									Absent	Pour	Contre	Pour
ROBERT	Pour	Pour	Contre	Contre	Contre	Pour	Pour	Pour	Pour	Contre	Pour	Absent
VAULABELLE	Contre	Contre	Pour	Contre	Contre	Contre	Contre	Contre	Pour	Contre	Contre	Contre
BARROT	Absent		ab.p.c.	ab.p.c.	ab.p.c.	ab.p.c.	ab.p.c.	Contre	Contre	Pour	Absent	Pour
DIDIER	Pour	Absent	Contre	Contre	Contre	Pour	Pour	Pour	Pour	Contre	Pour	Contre
PRÉBOIS	Contre	Contre	Pour	Contre	Pour	Contre	Pour	Contre	Pour	Pour	Pour	Absent
RANCÉ	Contre	Contre	Pour	Contre	Pour	Pour	Contre	Pour	Absent	Pour	Contre	Pour
MAZULINE								Contre	Pour	Pour	Contre	ab.p.c.
PORY-PAPY								Contre	Pour	Contre	Pour	Contre
SCHOELCHER								Pour	Pour	Contre	Pour	Contre
DAIN								Contre	Pour	Contre	Pour	Absent
LOUISY-MATHIEU									Pour	Absent	Absent	Contre
PÉRINON									Absent	Contre	Pour	Absent
DURAND-VALENTIN										Pour		Absent

TABLE DES MATIÈRES.

BIOGRAPHIES ET VOTES.

Paris. — Imprimerie CLAYE et TAILLEFER, rue Saint-Benoît, 7.

www.ingramcontent.com/pod-product-compliance
Lightning Source LLC
LaVergne TN
LVHW012053030726

842523LV00002B/517